WALDO VIEIRA

MANUAL DE LA PAREJA EVOLUTIVA

WALDO VIEIRA

MANUAL DE LA PAREJA EVOLUTIVA

TRADUCCIÓN: MARIANA NIETO

EDITARES®

Foz do Iguaçu, PR - Brasil
2021

Historial de las Ediciones			
Portugués	1ª. edición	1997	2.000 exemplares
	2ª. edición	1999	3.000 exemplares
	3ª. edición	2012	1.500 exemplares
	3ª. edición	2012	Livro eletronico
Español	1ª. edición	2021	Impresión bajo demanda

Las opiniones, las revisiones de contenido, gramaticales y gráficas de esta obra fueron realizadas exclusivamente por los voluntarios de la Concienciología.

Traducción: Mariana Nieto
Revisión: Maria Cruz Lozano y Susana Cirera
Revisión gráfica: Lilian Zolet y Virgínia Ruiz
Tapa: Débora Klippel y Luciano Melo
Diagramación: Flávio Henrique Chrun

Datos de catalogación internacional en publicación (CIP)

V658m	Vieira, Waldo Manual de la pareja evolutiva / Waldo Vieira; traducción de Mariana Nieto. 206 p.; PoD. Título original: Manual da dupla evolutiva Incluye referencias bibliográficas Incluye índice remisivo ISBN 978-65-86544-36-7 1. Concienciología 2. Relación – casal 3. Relaciones conyugales I. Nieto, Mariana II. Título CDU 130.122:159.942

Beatriz Helena P. de S. Cestari – CRB-10/1708

ASSOCIAÇÃO INTERNACIONAL EDITARES
Asociación Internacional Editares
Av. Felipe Wandscheer, 6.200, oficina 100D, Cognópolis
Foz de Iguazú, PR – Brasil – CEP: 85856-530
Tel/Fax: 45 2102 1407
E-mail: editares@editares.org.br | *Website*: www.editares.org

ÍNDICE

INTRODUCCIÓN

Conceptos. Con el fin de que cualquiera entienda más ampliamente el contexto de este libro técnico, es importante considerar 4 conceptos fundamentales de la Concienciología:

1. Concienciología. La Concienciología es la ciencia que estudia la conciencia de modo integral, holosomático (varios vehículos de manifestación personal), multidimensional, multimilenar, multiexistencial (seriexis) y, especialmente, sus reacciones ante las energías inmanentes y a las energías concienciales, así como también, sus múltiples estados de manifestación.

2. Evolución. La evolución de la conciencia se realiza a partir de la voluntad personal, pero siempre con la ayuda de los otros, porque nadie consigue dinamizar su progreso íntimo solo.

3. Grupokarma. El grupokarma es el principio de causa y efecto actuante en la evolución de la conciencia, centrado en el grupo evolutivo, o sea: el estado de libre albedrío personal ligado al grupo de evolución. Todo grupo evolutivo comienza a partir de 2 elementos o de 2 conciencias y está constituido por *millones* de conciencias.

4. Pareja. La pareja evolutiva existe cuando 2 conciencias o personalidades humanas interactúan positivamente en evolución conjunta, dentro de un holopensene o atmósfera total de intercooperación lúcida.

Problema. La constitución de una pareja evolutiva es un problema común a todas las concines, de modo inevitable e insustituible. Presentar *soluciones evolutivas* para este problema es la razón de la existencia de este libro.

Vínculos. Existen diferentes categorías de vínculos entre las conciencias, por ejemplo, estas 9:

1. Un vínculo genético-paragenético entre la madre y el feto.

2. Un vínculo genético-paragenético entre un gemelo univitelino y otro.

3. El vínculo interconciencial de los compañeros de la pareja evolutiva (amor romántico).

4. El vínculo conciencial con bases exclusivamente sexuales, en la aventura emocional entre las concines.

5. La complicidad de la experiencia conjunta o la evolución grupal buena o mala, la interprisión grupokármica, entre 2 o más conciencias.

6. El vínculo conciencial entre el(a) asediador(a) y el(a) asediado(a), su víctima.

7. El vínculo conciencial entre el(a) colaborador(a), con espíritu de equipo, y la empresa concienciológica.

8. El vínculo conciencial entre los practicantes de la tares, dentro de la ejecución de proexis grupales.

9. El vínculo conciencial, de intenso vigor y poder, entre el(a) practicante de teneper y el(a) amparador(a).

Trascendencia. A partir del entendimiento de estas premisas, comprendemos que la condición de la pareja evolutiva trasciende las características del casamiento tradicional y los convencionalismos de la vida humana. Es lo que vamos a ver aquí.

Brasil. El casamiento tradicional está en franca crisis. En Brasil, por ejemplo, según el Instituto Brasileño de Geografía y Estadística (IBGE), en 1 década, el 60% de los casamientos acaban en separación.

Fiesta. Sin embargo, en Brasil en 1996, en una población de cerca de 160 millones de habitantes, 800 mil personas aún se casaban, con fiesta, por año.

Alegría. El éxito de la fiesta tradicional del casamiento (un negocio altamente industrial, multimillonario) depende especialmente de la alegría de la pareja (apariencias).

Apariencias. Las apariencias aún dominan la robexis.

Fantasías. La realización de fantasías en general, todavía tiene raíces en el sótano conciencial de las concines.

EUA. En los Estados Unidos de América (EUA), el 20% de las separaciones conyugales se dan única y exclusivamente debido a la pasta de dientes (dentífrico).

Técnicas. Entre los 40 capítulos de este libro, 32 presentan a los interesados técnicas, tests, o *enumeraciones* prácticas.

Éxito. A los compañeros de las parejas evolutivas, nuestros votos de éxito en sus proexis.

Waldo Vieira

1. TEÁTICA DE LA PAREJA EVOLUTIVA

Definición. La *pareja evolutiva* es la reunión de 2 conciencias, particularmente intrafísicas, afines, maduras y lúcidas, que interactúan positivamente teniendo como objetivo la potencialización planificada de sus *performances* evolutivas, a través de la convivencia productiva, integral, multimodal y constante.

Intercooperación. En resumen: la pareja evolutiva es la condición existencial de *evolución intercooperativa de a dos*, una técnica de la Concienciología.

Sinonimia. Otra expresión para la condición de *pareja evolutiva: primener del amor.*

Compañero. Los miembros de la pareja evolutiva representan el compañero o compañera, socio o socia del destino escogido, componente de la pareja íntima (hasta cierto punto, un *objeto compartido*).

Variables. La asociación de 2 seres sociales en la vida intrafísica formando la pareja evolutiva, constituye la reunión de, por lo menos, 5 variables esenciales para mejorar el bienestar de los compañeros:

1. **Extrafisicología.** Priorización de las realidades de origen multidimensional de las conciencias, con la obtención de mayor nivel de autolucidez (cons) y autoconocimiento (holomadurez).

2. **Mentalsomática.** Minimización de la preocupación inevitable por la posesión de bienes materiales y poderes intrafísicos, con énfasis en el mentalsoma, el paracuerpo de autodiscernimiento (*el micrótomo mentalsomático*).

3. **Cosmoética.** Renuncia a los valores egoístas en pro de los principios de la megafraternidad cosmoética a partir de la relación o *puente* con 1 concín (factor desencadenante).

4. Evoluciología. Factor acelerador del perfeccionamiento continuo de la personalidad y del cumplimiento de la proexis trazada en el curso intermisivo, bajo la supervisión de un evoluciólogo.

5. Parasociología. Síntesis inicial de la relación interconciencial de los elementos de los grupos evolutivos humanos.

EL ACTO DE COMPONER UNA PAREJA EVOLUTIVA ES UNA INICIATIVA IMPORTANTÍSIMA EN LA VIDA DE CUALQUIER CONCÍN.

2. PAREJA EVOLUTIVA Y PARASOCIOLOGÍA

Parasociología. La parasociología es la especialidad de la Concienciología que estudia la filosofía, las técnicas y las prácticas de la *Socín Concienciológica* y de las *Sociexes*, o Sociedades Extrafísicas de las conciexes, y sus consecuencias en la vida intrafísica de la concín.

Investigaciones. Hay, entre otros, 22 asuntos investigados específicamente dentro de la Parasociología:

1. Mayoreo conciencial.
2. Pareja incompleta.
3. Concienciólogo.
4. *Pareja evolutiva.*
5. Era conciencial.
6. Eunuco, de hecho, conciencial.
7. Grupomimesis.
8. Hiperespacios.
9. Invexología (inversión existencial).
10. Ofiex (oficina extrafísica).
11. Paraaculturación.
12. Para-hombre.
13. Para-mujer.
14. Pre-pareja.
15. Sociex o Sociexes (Sociedades Extrafísicas).
16. Socín Concienciológica (Sociedad Intrafísica).
17. Sociopatía.
18. Trinomio pareja incompleta/pareja íntima/integración epicón-amparador.
19. Trinomio motivación-trabajo-placer.
20. Minoreo conciencial.
21. Verbacción (verbo+acción).
22. Virus de la Socín.

Relevancia. Bajo el prisma de la evolución, dentro de la parasociología, la pareja evolutiva tiene más relevancia primero, y después viene la multitud.

Teática. Dentro de la parasociología, la teática de la pareja evolutiva fue propuesta en 1970.

LA PAREJA EVOLUTIVA COMPONE LA FAMILIA DE A DOS, LA FAMILIA DEL FUTURO O LA FAMILIA DE LA MODERNIDAD.

Intimidad. La condición positiva y saludable de la *pareja íntima*, monogámica, dentro de la Socín Concienciológica, puede alcanzar su auge en el holopensene de la pareja evolutiva, en su alcoba energéticamente blindada y en la base física de cada compañero proyector.

Pacto. La pareja evolutiva, una entidad familiar, establece un *pacto de relación cosmoética* e íntima, que dispensa y abandona explícitamente la protección del Estado, el Código Civil y hasta la Socín, en la condición de un todo, aún cuando esta es una sociedad monogámica.

Alternativa. En estas condiciones, la pareja evolutiva forma una alternativa social, lúcida, fundamentada en el respeto y consideración mutua del nivel evolutivo del compañero o *conviviente afectivo*, dentro de una convivencia duradera, pública y continua entre una concín-hombre y una concín-mujer.

Tares. La pareja evolutiva tiene como objetivo la ejecución de la proexis conjunta, de la tares y de la vivencia de la polikarmalidad, sin la creación de prole, o gestaciones humanas, teniendo como meta evolutiva las gestaciones concienciales cosmoéticas.

Células. De este modo, la pareja evolutiva forma una *familia de primera clase concienciológica*, multidimensional, diferente de todas las células sociales o alternativas familiares existentes en la Socín, aún patológica, hasta el momento.

Superdotación. Entre las mejores personalidades superdotadas de las nuevas generaciones humanas, conscientes del completismo existencial (complexis), los concienciólogos buscan hoy aquellas que pretendan dedicarse, dentro de líneas multidimensionales, a las *tares cosmoéticas*. En ese contexto, los investigadores son la preferencia para las parejas, inclusive jóvenes chicos y chicas, que ya forman parejas evolutivas con alto nivel de lucidez.

Parentela. Por la parasociología, es importante para el compañero (o compañera) de la pareja evolutiva hacer una pregunta pertinente: ¿Cuáles son las influencias buenas o indignas de la parentela de mi compañero (o compañera) sobre mí?

EL ESTUDIO DE LA VIVENCIA HUMANA EN PAREJA ES UN TEMA ESENCIAL EN LOS CURSOS INTERMISIVOS MÁS AVANZADOS.

especialidades. Veremos, en los próximos capítulos, *en orden alfabético*, algunas de las relaciones de las investigaciones de la pareja evolutiva con otras 38 áreas o especialidades de la Concienciología.

3. *PAREJA EVOLUTIVA Y COMUNICOLOGÍA*

Comunicología. La comunicología es la especialidad de la Conciencio-logía que estudia la comunicabilidad de la conciencia de todas las naturalezas y formas, inclusive la comunicación interconciencial entre las dimensiones con-cienciales, considerando la proyectabilidad conciencial lúcida y los abordajes de la conciencia "entera".

Intervivencia. El mejor proceso de comunicación inter-concines será siempre el acto de vivir juntos (*intervivencia*).

LA INTERVIVENCIA COMUNICATIVA ES UN PRINCIPIO INSUSTITUIBLE PARA LA PAREJA EVOLUTIVA A LO LARGO DE TODA LA VIDA HUMANA.

descomunicación. Estamos en la vida intrafísica para intentar ser felices. Permanecer acomodados en casamientos infelices, con compañeros eterna-mente tímidos y temerosos frente a los problemas afectivo-sexuales, con la *descomunicación* en la vida de a dos, es uno de los grandes problemas de la vida moderna.

Comunicación. La palabra *comunicación* (Latín: *communicatio*) está compuesta por otras 3:

1. *Com*: juntos.

2. *Munis*: presente, dádiva.

3. *Actio*: acción.

Regalos. Comunicar es intercambiar regalos (dádivas, *gifts*) de todo tipo: sanos, positivos o enérgicamente evolutivos. Esta es la categoría de la comunicación de los compañeros de la pareja evolutiva a través de la técnica DD, diálogo-desinhibición.

Telepatía. Los compañeros de la pareja evolutiva, estando profundamente armonizados, pueden vivir en ciertos períodos de sus vidas, en un holopensene que predispone la ocurrencia de la *telepatía de a dos*, además de una serie de otros fenómenos parapsíquicos.

Binomio. Los afines se atraen aún con discordancias mínimas. Nadie es idéntico a otra persona. Ni los gemelos idénticos. Ni los xifópagos. La *intervivencia* exige la consideración de este hecho inevitable.

LA ESENCIA DEL ÉXITO DE LA CONVIVENCIA DE LA PAREJA EVOLUTIVA ESTÁ EN LA VIVENCIA DEL BINOMIO AFECTO-DISCORDANCIA.

concines. En la profundización del análisis de la pareja evolutiva tenemos que considerar las cohesiones y las disociaciones entre las concines.

Cohesiones. En la formación y mantenimiento de la pareja evolutiva victoriosa entran 2 categorías de cohesiones:

1.   Las cohesiones *intra*concienciales.
2.   Las cohesiones *extra*concienciales.

Intraconcienciales. En las cohesiones intraconcienciales de los compañeros de la pareja evolutiva entran, por lo menos, 6 condiciones poderosas:

1.   Sexosomática. La atracción mutua, sexual (sexochakral), interacción biológica (bioquímica), somática (sexosomática), o el mutuo conocimiento somático de la pareja íntima.

2.   Psicosomática. La atracción afectiva, psicosomática, una necesidad humana fundamental y vital: el amor, el afecto puro o la felicidad intercambiada a través de una serie de armonías.

3.   Holomadurología. El nivel de hiperagudeza o lucidez de la concín.

4.   Intrafisicología. La fidelidad interpersonal mantenida por la elección selectiva e individualizada de la concín monogámica. Vale enfatizar que la *exclusividad en el amor* es sana y normal. Sin embargo, fidelidad no es *derecho de propiedad*, una de las causas básicas de los fracasos de las uniones interpersonales.

5.   Cosmoética. La incorruptibilidad, sinceridad o autenticidad. La libertad intraconciencial o la *pensenización muda* de la concín, existe y existirá siempre. Es imposible para un compañero de la pareja evolutiva telepatizar, todo el tiempo, con la recepción del flujo de autopensenes del otro. De ahí el por qué no se puede querer saber todo lo que el otro piensa, ni comandar sus pensenes. Eso es ignorancia crasa, inseguridad personal y, hasta cierto punto, enfermedad mental.

6. Holokarmología. El sentimiento de responsabilidad cosmoética o compromiso interconciencial profundo entre una concín-compañera y la otra.

Extraconcienciales. En las cohesiones extraconcienciales de los compañeros de la pareja evolutiva entran, por lo menos, 2 condiciones poderosas:

1. Proexología. Las actividades y los trabajos compartidos para la ejecución de la proexis en conjunto.

2. Recexología. La búsqueda de la ejecución de la tares y de la polikarmalidad, en el caso, la vivencia de la recexis o de la invexis de a dos.

Disociaciones. En la disolución de la pareja evolutiva, un fracaso o divorcio, entran 4 categorías de disociaciones:

1. Concienciometría. Falta de concienciometría: incompatibilidades física, psíquica (mental) o conciencial integral.

2. Comunicología. Falta de comunicología: no aplicación de la técnica DD, diálogo y desinhibición, incluyendo ahí todas las categorías de diálogos, el sexual, el sentimental, el intelectual y el conciencial (V. *Pareja Evolutiva y Sexosomática*).

3. Conciencioterapia. Falta de conciencioterapia: posesividad o egocentrismo (infantil) que todavía domina a la concín adulta (egoísmo).

4. Mentalsomática. Falta de mentalsomática: alimentación de ideas falsas e ilusiones (V. *Pareja Evolutiva y Paraprofilaxis*).

LA VIVENCIA DE LA PAREJA EVOLUTIVA ES EL GEISHISMO MUTUO EN PRO DE LA POTENCIALIZACIÓN DE LA TARES Y DE LA POLIKARMALIDAD.

4. PAREJA EVOLUTIVA Y CONCIENCIOCENTROLOGÍA

Concienciocentrología. La concienciocentrología es la especialidad de la Concienciología que estudia el *concienciocentrismo* o la filosofía social que centraliza sus objetivos en la conciencia en sí y en su evolución.

Institución. La concienciocentrología inspira la creación, instalación y mantenimiento de la *institución concienciocéntrica*, a modo de una cooperativa conciencial, dentro de la Socín Concienciológica.

Vínculos. Es importante destacar 3 vínculos entre las personas y las empresas:

1.   **Laboral.** El vínculo laboral, común, bien legalizado.

2.   **Conciencial.** El vínculo conciencial, el más importante para la institución concienciocéntrica y para la pareja evolutiva.

3.   **Doble.** El doble vínculo o mixto.

Conciencia. La concienciocentrología o centralización en la evolución de la conciencia, es buscada espontáneamente por los compañeros en la vivencia en conjunto de la pareja evolutiva.

Meta. Dentro de las metas de avance de la concienciocentrología, la meta máxima de la pareja evolutiva, en nuestro actual nivel de evolución, de la condición de pre-serenos a la condición de despertos, no es más tener hijos o constituir una prole.

Ayuda. Tal postura ayuda en el ambiente de trabajo de una empresa, dado que queda menos gravada por cargas de embarazos, partos, madres, hijos y otras variables de esa naturaleza.

Noviazgo. Hay empresas que prohíben el noviazgo de los empleados en sus dependencias y evitan contratar, al mismo tiempo, cónyuges o matrimonios con prole numerosa, debido a la convivencia diaria, con vistas al rendimiento de los servicios que prestan a la institución.

Eliminaciones. La pareja evolutiva se asienta en la eliminación de 2 categorías de variables:

1. Dentro. Desde el punto de vista intraconciencial, *dentro* del microuniverso de cada compañero, por ejemplo, eliminación de vanidades excesivas, resentimientos, susceptibilidades, melindres, amor propio ofendido y orgullo herido.

2. Fuera. Desde el punto de vista humano, *fuera* del microuniverso conciencial, por ejemplo, eliminación de documentos, convenciones humanas y contratos de casamiento.

Alianza. Es importante considerar que, en determinados contextos sociales, es inteligente que la mujer (joven inversora), miembro de la pareja evolutiva, *sexy* o que llama la atención de los hombres, por ejemplo en Italia, use todo el tiempo una alianza (anillo) tradicional, a modo de mujer casada, en el dedo anular (cuarto dedo izquierdo) de la mano izquierda, evidenciando así que ya está comprometida, debido al asedio sexual omnipresente en ciertas Socines.

Promiscuidad. Eso evita asedios y constreñimientos siempre desagradables para la mujer, por otra parte, es un modo técnico de ser recatada ante la *promiscuidad oficializada*. El compañero hombre puede hacer lo mismo.

A PESAR DE LAS PRESIONES EXTERNAS, HAY CASOS DE PLENO ÉXITO DE LA PROFESIÓN EJERCIDA DE A DOS POR LA PAREJA EVOLUTIVA.

5. PAREJA EVOLUTIVA
Y CONCIENCIOMETRÍA

Concienciometría. La concienciometría es la especialidad de la Concienciología que estudia las medidas concienciológicas, o de la conciencia, a través de los recursos y métodos ofrecidos por el abordaje de la conciencia "entera", capaces de asentar las bases posibles de la *matematización de la conciencia.*

Características. El problema de la *Humanidad* es que no está constituida solo por seres *hu*manos, sino también por *subhu*manos - los archicriminales - y, ahora sabemos, por *super*-humanos, los Superserenos.

CADA CONCIENCIA COMPLEJA SE SIENTE MUY DIFERENTE DE LAS OTRAS, INCLUSO DE LA QUE LE ES MÁS SIMPÁTICA.

consecuencias. Hay características y similitudes entre los diversos géneros de parejas evolutivas, evidenciadas en función de sus consecuencias, teniendo como objeto nuestro autoconocimiento y el discernimiento interconciencial mayor.

Géneros. He aquí 9 *géneros de parejas evolutivas* intrafísicas/intermisivas, según los niveles evolutivos de cada conciencia:

1. Supersereno-Pre-sereno. Obviamente, si usted ya tuvo, hace milenios, en la condición de compañero o compañera de pareja evolutiva, una conciencia que hoy es Supersereno o Superserena (*Homo sapiens serenissimus*), su actual capacidad de captación del *holopensene de los Superserenos* debe ser mayor y mucho más eficaz. Es una cuestión intrínseca de afinidad que, lógicamente, no se pierde totalmente con el paso del tiempo (V. *Pareja Evolutiva y Serenología*).

2. Orientador-Orientado. Ocurre el mismo efecto si usted compuso, en alguna vida humana previa, una pareja evolutiva con su actual evoluciólogo o evolucióloga, orientador(a) evolutivo(a), líder del grupokarma. En este caso, la discriminación del propio *ciclo multiexistencial* puede ser identificada.

3. Amparador-Amparado. En la condición de relevo entre los componentes de esta pareja evolutiva, su condición de amparado hoy, puede evidenciar enorme afinidad con su amparador principal y usted puede ser su amparador en el próximo renacimiento intrafísico (resoma) de él, si ya no lo fue antes.

EL RELEVO AMPARADOR-AMPARANDO CONTRIBUYE DE MANERA EFICAZ PARA QUE LA CONCÍN ALCANCE SU COMPLEXIS.

4. desperto-No desperto. *Género de pareja evolutiva* con predominio evidente de la competencia evolutiva de una conciencia-el ser despertosobre la otra. Vale, aquí, el principio o método de "relaje y aproveche" para la concín aún no desperta.

5. Inversor-Inversora. *Género de pareja evolutiva* más promisorio en lo que respecta a la dinamización de la evolución para ambas concines, en nuestras actuales *existencias críticas* en la Tierra.

6. Inversor-Reciclante. Este *género de pareja evolutiva* tiene en el contraste de las experiencias personales de cada conciencia, su factor máximo de éxito.

7. Reciclante-Reciclante. Este *género de pareja evolutiva* se caracteriza por la ventaja de las experiencias existenciales, actuales, que son mayores para ambos, pudiendo haber mejor integración y utilidad recíproca.

8. Pareja íntima. Este *género de pareja evolutiva* constituido por pre-serenos medios, es el mejor en cuanto a la practicidad y a la funcionalidad, si las conciencias componen un par dinámico y productivo respecto a la evolución.

9. Pareja incompleta. Este es el *género de pareja evolutiva* más numeroso y común. Siendo en general una *pareja incompleta*, su condición actual puede expresar varios géneros de parejas antes mencionados, tanto las que tuvieron éxito como las que fracasaron en relación a la evolución conciencial.

Incompletud. Sin embargo, en ciertas circunstancias favorables, cosmoéticas, una pareja incompleta puede formar una pareja evolutiva exitosa. Todo depende de las restricciones de la vida intrafísica.

EN RIGOR, LA CONDICIÓN DE SER 1 COMPAÑERO DE PAREJA EVOLUTIVA ES LO MISMO QUE POSEER 2 CONCIENCIAS.

elección. Hay, por lo menos, 3 recursos distintos que podemos emplear para elegir un compañero o compañera de pareja evolutiva, al modo del tópico número 8, la pareja íntima.

1. Concienciograma. Un primer recurso de evaluación de alguien en la elección de la condición de compañero o compañera de la pareja evolutiva, es el concienciograma, destinado a aquella concín más lúcida, capaz de superar la autocomplacencia y los efectos halo dependiendo de las circunstancias de la existencia humana.

2. Heteroevaluación. El sistema sofisticado del concienciograma permite, incluso, la *heteroevaluación de a dos.*

3. Seriexis. Un segundo recurso que se puede emplear a fin de elegir un compañero o compañera de pareja evolutiva, es chequear la posibilidad de que la concín ya haya tenido antes con la otra conciencia, por ejemplo, 30 vidas humanas previas y no apenas, por ejemplo, 3.

Planillas. Tal medición se realiza a través de la confrontación fría, empleando varias planillas de medición de rasgos y tendencias entre los trafores y trafares de ambas personas, capaces de indicar el porcentaje exacto de afinidad, en todos los sentidos, de una y de otra. En este caso, la afinidad ha de ser elevada: un mínimo de 51% de las interacciones básicas.

Conocimientos. Para la concienciometría, en la elección de un compañero o compañera para componer la pareja evolutiva, es importante considerar 2 tipos de conocimientos, en este orden natural:

A. Propio. El nivel de autoconocimiento de cada uno.

B. Mutuo. El conocimiento mutuo ante la concín bajo análisis.

Traforismo. Un tercer recurso o práctica que la pareja evolutiva puede emplear, es hacer *rapport* más profundo con algún posible megatrafor idéntico, común a ambos compañeros, a fin de crear y mantener un *holopensene de a dos*, propicio para la vivencia de la polikarmalidad, a partir de esa virtud recíproca (V. *Pareja evolutiva y Pensenología*).

Índice. Después de elegido el compañero y compuesta la pareja evolutiva, el índice cosmoético de un mínimo de 51% de gratificación o placer y 49% de obligaciones o desgaste, es válido para ser aplicado en el departamento de recursos humanos en la industria, en el comercio, en la institución concienciológica y también en la pareja evolutiva.

Divorcio. Si en la convivencia diaria ocurre una inversión de estos porcentajes, es hora de que el compañero y la compañera consideren si vale, o no, la pena continuar juntos. A veces vale el esfuerzo de reestructurar una unión, hacer un reciclaje de la pareja evolutiva.

TODO EN LA VIDA HUMANA TIENE UNA TÉCNICA MEJOR, DE DISCERNIMIENTO MAYOR O DE MEJOR CONSENSO EN AQUEL CONTEXTO.

responsabilidad. Según los especialistas, en la separación de los compañeros de una unión, no hay una culpa unilateral. La culpa es siempre de ambos. "No existe una parte completamente inocente, ni otra totalmente culpable".

Afectividad. Antes de promover una separación de un compañero o compañera, es importante considerar el nivel exacto de conciencia afectiva, primaria o avanzada, del interesado, con el fin de descartar la hipótesis de estar abordando sus sentimientos erróneamente o promoviendo una fuga de sí mismo.

Separación. En este caso, en que el problema está en lo íntimo del interesado y no en su compañía, obviamente puede ocurrir que mañana, él se separe de cualquier otra persona que encuentre por delante, candidata a ser su compañía o *partner* evolutivo, hasta incluso de un Supersereno o una Superserena.

Preguntas. El test de vivencia del nivel de auténtica afectividad - el amor real de la pareja íntima - por la conciencia que compone una pareja evolutiva, puede ser desarrollado por las respuestas realistas a estas 25 preguntas:

1. Acoplamiento. ¿Ya hizo acoplamiento áurico directamente con esa concín-compañera?

2. Alcoba. ¿Mantengo siempre, de mi parte, el *blindaje energético* de nuestra alcoba?

LA LLAVE MAESTRA DE LA ALCOBA BLINDADA EXTRAFÍSICAMENTE ES LA ENERGÍA CONCIENCIAL DE LA PAREJA EVOLUTIVA.

3. asedios. ¿Yo le asisto en la superación de posibles asedios inconscientes?

4. Assims. ¿Promuevo asimilaciones simpáticas (assims) con la intención de examinarle las energías concienciales y el nivel de salud?

5. Cariño. ¿Le ofrezco cariño y atención después de instalar el estado vibracional profiláctico?

6. Clarividencias. ¿Patrocino clarividencias faciales para que mi compañía entrevea la dimensión energética (dimener)?

7. Cosmoconciencia. ¿Ya contribuí, hasta ahora, para hacerle expandir la propia conciencia?

8. Descompensaciones. ¿Ya identifiqué sus descompensaciones sistémicas de energía o sus bloqueos energéticos?

9. EV. ¿Vengo cooperando realmente para que ella domine, por sí misma, la instalación del estado vibracional (EV)?

10. Holochakra. ¿Ya le ayudé a equilibrar y flexibilizar el propio energosoma?

11. Holorgasmo. ¿Ya intenté darle, por lo menos, un holorgasmo (raro) hasta el momento?

12. Cebo. ¿Ya serví de cebo conciencial lúcido, a fin de promover sus desasedios?

13. Objetos. ¿Ya alejé de ella posibles objetos personales *cargados* de energías concienciales nocivas?

14. PC. ¿Con los recursos de que dispongo, ya le ayudé a proyectarse (proyección consciente o PC) con lucidez, a través del psicosoma, hacia otras dimensiones concienciales evolucionadas y enriquecedoras?

15. PCC. ¿Ya conseguí tener una proyección consciente conjunta (PCC) con ella?

16. Sótano. ¿Ya le facilité la liberación del sótano conciencial y de su subcerebro abdominal?

17. Regalo. ¿Ya le regalé algún objeto personal que constituya un elemento positivo de *rapport* energético entre los dos?

18. Primener. ¿Ya identifiqué en ella alguna posible irrupción sana de primener?

19. Proexis. ¿He apoyado, con buena voluntad y eficiencia, sin competitividad, el ajuste consciente de ella a su proexis?

20. Proyectarium. ¿Ya preparé y mantengo para ella un *proyectarium* técnico y eficaz?

21. Recexis. ¿Ya cedí todo lo que poseo para que ella obtenga éxito en la ejecución de la recexis o de la invexis?

22. Sexualidad. ¿Vengo haciendo el amor diariamente, cuando es posible, con ella a fin de mantenerla sin carencia sexual y afectiva?

23. Señalética. ¿Ya le indiqué pistas para que ella identifique por sí misma y en sí misma, la señalética energética, intraconciencial y parapsíquica personal?

24. Trafares. ¿Ya le proporcioné la lista de *mis* megatraf*a*res personales, o los traf*a*res que conseguí identificar *en mí mismo* hasta el momento, pidiéndole ayuda para mejorarme *para ella* y *en función de ella*?

25. Trafores. ¿Ya hice una exposición sincera de los megatraf*o*res, o traf*o*res que ya identifiqué *en ella o de ella*, a fin de que los emplee en el combate a sus traf*a*res personales?

Test. Si el interesado o interesada respondió *sí* a, por lo menos, 12 de estas preguntas, su afectividad práctica o vívida es de buen nivel concienciológico, holosomático y parapsíquico.

Psicosoma. Menos de eso, evidencia alguna parapatología del psicosoma que vale la pena considerar e identificar en relación a la formación y vivencia en pareja evolutiva.

Técnica. Como se observa, en el test fue empleada la técnica funcional del *ya explícito* y del *todavía no implícito*.

Posesividad. Como es fácil concluir de las observaciones precedentes, el sentimiento subhumano o subcerebral de posesividad en la vida afectivo-sexual puede ser cambiado con el fin de que la pareja evolutiva funcione satisfactoriamente en la ejecución de la proexis de ambos compañeros, a través de autocríticas, auto y heteroevaluaciones concienciales sinceras. El concienciograma puede ayudar, en gran manera, aquí.

Realismo. En este caso, la concín ha de indagarse a sí misma, qué pretende, cuál es su prioridad, si está siendo sincera consigo misma, fría y realista, sin autocorrupciones. No hay ningún otro recurso o alternativa mejor disponible o práctica.

6. PAREJA EVOLUTIVA
Y CONCIENCIOTERAPIA

Conciencioterapia. La conciencioterapia es la especialidad de la Concienciología que estudia el tratamiento, alivio y remisión de los disturbios o desórdenes de la conciencia, ejecutados a través de los recursos y técnicas derivados del abordaje de la conciencia "entera", en sus patologías y parapatologías.

Áreas. Todas las áreas humanas o líneas de conocimiento intrafísico que permitan la evolución cosmoética, prioritariamente, son buenas para el desarrollo mutuo de los compañeros de la pareja evolutiva, sean áreas en común o hasta antípodas, no importa.

Afinidad. Lo que interesa más es la afinidad básica de los compañeros, capaz de superar las presiones anticuadas, anacrónicas, retrógradas, *enmohecidas*, fosilizadas o neófobas de los holopensenes milenarios enraizados en las Socines, es decir: en la vida humana de la cotidianeidad de la concín.

Minipiezas. Bajo el ángulo del rendimiento polikármico, o conciencioterápico, la pareja evolutiva evolucionada está compuesta por la integración de 2 minipiezas autoconscientes dentro de sus funciones, de un equipo multidimensional o maximecanismo de trabajo asistencial universalista.

Carencias. La composición de una pareja evolutiva permite las eliminaciones más rápidas y eficientes de las carencias afectivas, intelectuales y económico-financieras de ambos compañeros, en el esfuerzo por el crecimiento vívido dentro de la Concienciología.

EV. Uno de los recursos conciencioterápicos es el estado vibracional (EV), a ser empleado por quien asiste y también como técnica útil para que el propio asistido expanda sus autodefensas energéticas; por lo tanto, un hábito que debe ser creado por los compañeros de la pareja evolutiva, inclusive promoviendo los *estados vibracionales simultáneos, de a dos.*

Teneper. La asistencialidad de la conciencioterapia se expresa de manera fructífera como una preparación para la práctica diaria de teneper (tarea energética personal) por parte del compañero de parapsiquismo más evolucionado, o de mayor flexibilidad del holochakra, en la pareja evolutiva.

LOS COMPAÑEROS DE LA PAREJA EVOLUTIVA TIENEN QUE ENFRENTAR TRABAJOS EN CONJUNTO Y POR SEPARADO, PERO CONVERGENTES E INTEGRADORES.

diferencias. Los 2 compañeros de la pareja evolutiva, además de los trabajos conjuntos, también asumen tareas por separado, o las prohibiones a ciertos emprendimientos que precisan desempeñarse, por su propia naturaleza, individualemente, por ejemplo, estas 3 condiciones:

1. Horarios. Elegirán 2 horarios diferentes para las prácticas de teneper a fin de que un practicante y sus trabajos no interfieran o realicen intrusiones patológicas (permitir la potencialización de los asediadores o, en lenguaje popular: *entregar el oro a los bandidos*) en las prácticas y en los trabajos del otro.

2. Amparadores. Dispondrán de 2 amparadores diferentes en sus trabajos asistenciales dependiendo del mérito de la calificación de los servicios de ayuda interdimensional.

3. Ofiexes. Formarán 2 ofiexes diferentes.

Individualización. La práctica de teneper y la manutención de la ofiex son servicios individualísimos debido a las energías concienciales aplicadas a las autodefensas y asistencias a los otros (*V. Pareja Evolutiva y Somática*).

Compañero. *Después de 12 meses de práctica* de teneper de un compañero de la pareja evolutiva, el otro puede comenzar sus trabajos en la misma casa, en el mismo ambiente y hasta en la misma cama, siempre que sea en horarios diferentes. Este es el plazo ideal según el promedio de los practicantes de teneper, hasta el momento.

GPC. Es un procedimiento de alto nivel el hecho de que los compañeros de la pareja evolutiva trabajen en un mismo GPC, Grupo de Pesquisas de la Conciencia, como por ejemplo el área de la conciencioterapia.

Integración. A pesar de las reales exigencias de los propios trabajos evolutivos, una pareja evolutiva puede ser constituida por 2 conciencioterapeutas, por ejemplo, un médico y una psicóloga y ambos trabajar conjunta y eficientemente en las asistencias de la conciencioterapia. ¿Por qué no?

Desbloqueos. Los compañeros de una pareja íntima o de una pareja evolutiva, pueden *absorber las energías concienciales* uno del otro, de modo saludable y desinhibido, promoviendo assims, desassims, desbloqueos y compensaciones energéticas, a través de los actos sexuales.

Procedimientos. Hay 11 procedimientos técnicos dentro de la sexualidad, expuestos en orden decreciente de intensidad en la posibilidad de absorción, de acuerdo a cada compañero, y al alto nivel de higiene física y conciencial, en una alcoba energéticamente blindada y con el holopensene de la *democracia de la alcoba*:

A. Mujer absorbedora

1.   Ginosoma 1. Acto sexual compuesto por la *mujer activa*, la penetración pene-vagina (sexochakra a sexochakra) más el beso profundo (laringochakra a laringochakra).

2.   Ginosoma 2. Acto sexual compuesto por la *mujer activa*, la penetración pene-vagina (sexochakra a sexochakra).

3.   Oral Ginosomático. Acto sexual de la felación, compuesto por la *mujer activa*: el sexo oral con la absorción energética (esperma) femenina por la glande (laringochakra femenino y sexochakra masculino).

4.   Oral Conjunto Simple 1. Acto sexual compuesto por la *mujer activa*, con predominio femenino: beso profundo, o de *lengua* (laringochakra a laringochakra).

B. Hombre absorbedor

5.   Androsoma 1. Acto sexual compuesto por el *hombre activo*, la penetración pene-vagina (sexochakra a sexochakra) más el beso profundo (laringochakra a laringochakra).

6.   Androsoma 2. Acto sexual compuesto por el *hombre activo*, la penetración pene-vagina (sexochakra a sexochakra) más la succión de la mama izquierda de la mujer (cardiochakra femenino).

7.   Androsoma 3. Acto sexual compuesto por el *hombre activo*, la penetración pene-vagina (sexochakra a sexochakra).

8.   Oral Androsomático. Acto sexual del *cunnilingus,* compuesto por el *hombre activo*: sexo oral con la absorción energética masculina por el clítoris (laringochakra masculino y sexochakra femenino).

9.   Oral Conjunto Simple 2. Acto sexual compuesto por el *hombre activo*, con predominio masculino: beso profundo, o de *lengua* (laringochakra a laringochakra).

C. Ambivalente (mujer y hombre).

10. Oral Conjunto Complejo 1. Acto sexual, con predominio femenino: el sexo oral *mutuo*, doble (69), conjunto o simultáneo (laringochakras y sexochakras en contraposiciones).

11.   Oral Conjunto Complejo 2. Acto sexual, con predominio masculino: el sexo oral *mutuo*, doble (69), conjunto o simultáneo (laringochakras y sexochakras en contraposiciones).

LA CONCIENCIA, SI ES MÁS EVOLUCIONADA, NO SUFRE CONSTREÑIMIENTOS POR SER O PRESENTARSE EN LA CONDICIÓN HUMANA, CUANDO ES NECESARIO.

7. PAREJA EVOLUTIVA Y COSMOÉTICA

Cosmoética. La cosmoética es la especialidad de la Concienciología que estudia la ética o reflexión sobre la moral cósmica, multidimensional y define la holomadurez conciencial, situada más allá de la moral social, intrafísica, o que se presenta bajo cualquier rótulo humano.

EN LA ESENCIA DE UNA PAREJA EVOLUTIVA EXITOSA, EXISTE SIEMPRE UNA PROFUNDA IDENTIDAD COSMOÉTICA MUTUA.

Incorruptibilidad. La pareja evolutiva precisa de la cosmoética con el fin de que cada compañero de la pareja elimine las autocorrupciones, patopensenes y los mecanismos de defensa del *egón,* y mantener autenticidad, honestidad, fidelidad y lealtad mutua, sin que se vuelva muy difícil mantener la armonía de ambas concines en un holopensene de *incorruptibilidad de a dos.*

Vínculo. El vínculo interconciencial de la pareja evolutiva se mide por el nivel, naturaleza, calidad y cantidad de los intercambios - *vivencias humanas de a dos* - que la pareja es capaz de hacer, en todos los sentidos cosmoéticos posibles.

Intimidades. Hay 14 tipos de intimidades de la pareja evolutiva:

1. Intimidad áurica: ejecución del acoplamiento áurico o interfusión de las energías concienciales de las 2 concines, inclusive de las auras orgásmicas.

2. Intimidad cosmoética: mantenimiento de la incorruptibilidad - sin *pecadillos mentales* - de los propios pensenes relacionados a la vida de mutualidad conciencial.

3. Intimidad emocional: acto de compartir (dividir de modo pleno) las vivencias emocionales - alegría, tristeza, cansancio, miedo y otras - con el(a) otro(a).

4. Intimidad estética: acto de compartir vivencias estéticas, intrafísicas y multidimensionales. Ejemplos: contemplar una puesta de sol, caminar en silencio; *volitar con lucidez de a dos* (PCC); pasar por la *euforex proyectiva de a dos* (PCC).

5. Intimidad grupokármica: concientización de los trafores y trafares totales, mutuos, haciendo de sí mismos - los 2 componentes de una pareja evolutiva - su primer grinvex o su primer grecex.

6. Intimidad holochakral: ejecución de la assim o asimilación simpática máxima, terapéutica, de las energías concienciales (ECs) de un(a) compañero(a) a otro(a), por la impulsión de la voluntad.

7. Intimidad holorgásmica: producción de orgasmos holosomáticos, o de éxtasis máximo generado por las ECs de todo el holosoma, de cada concín componente de la pareja.

8. Intimidad interiorizante: acto de dejar al(a) otro(a) que permanezca solo(a) y tranquilo(a), o incluso el *acto de estar solo de a dos*.

9. Intimidad mentalsomática: sumatoria de ideas, lecturas y experiencias intelectuales, máximas, posibles de un(a) compañero(a) con el(a) otro(a).

EN RIGOR, LOS DOS SOMAS (CUERPOS HUMANOS) DE LA PAREJA EVOLUTIVA NO COMPLETAN 1 MENTALSOMA, O PARACUERPO DE DISCERNIMIENTO.

10. Intimidad pensénica: producción de la telepatía o *tele*pensenes de un(a) compañero(a) para el(a) otro(a), de modo involuntario, pero sano (*homo*pensene).

11. Intimidad primaveral: vivencia de la primener o *primavera energética de a dos* - la *luna de miel* verdadera - cuando sea posible, teniendo como objetivo las gestaciones concienciales magnas. Vivir en pareja evolutiva es experimentar *ternura*, afecto y amistad.

12. Intimidad sexosomática: concentración del toque amoroso, del abrazo envolvente y de la vivencia genital máxima y madura, en sesiones sexuales prolongadas y frecuentes (práctica de sexo diario). Vivir en pareja evolutiva es compartir lo que es bueno.

13. Intimidad social: acto de compartir los momentos de *placer de a dos (alcoba blindada)* y también junto con los amigos (concines y conciexes) de la Socín (intimidad social) y de la Sociex (intimidad parasocial, amparadores).

14. Intimidad vocacional: acto de compartir su trabajo personal y de la vida profesional con el(a) otro(a), sobre las bases de la mutualidad de manifestaciones abiertas.

SOLO LA VIVENCIA DE UNA COSMOÉTICA LIGHT NO RESUELVE EL PROBLEMA EVOLUTIVO DE UNA CONCIENCIA.

Sinceridad. Veremos un caso práctico que puede ilustrar apropiadamente la cuestión cosmoética, evidenciando, por ejemplo, que sinceridad *todavía no es* vivencia y conocimiento *todavía no es* realización.

Perdón. Una noche, este autor estaba respondiendo las preguntas del público, frente a más de 1.500 personas, que firmaron el libro de presencias de la conferencia, en una capital de un estado del sur de Brasil, cuando una señora bien vestida y muy simpática, hizo una pregunta: "Mi marido tuvo 3 amantes. No consigo perdonar a esas personas. ¿Qué debo hacer?".

Murmullo. Hubo una carcajada unísona dentro del salón de convenciones, por algunos momentos, seguida por un rumor en cadena, todos admirados por la sinceridad pública de la interlocutora.

Respuesta. Después de algún tiempo, fue posible hablar: "Quien no consigue perdonar se divorcia, deja para resolver en el futuro los problemas pendientes con el compañero y su grupo de afinidades, postergando todo para una próxima vida. No es una resolución inteligente. El caso es peor cuando hay hijos pequeños en el medio."

LA AUSENCIA DE PERDÓN A LAS PERSONAS EMPEORA TODAS LAS REALIZACIONES EVOLUTIVAS DE LA CONCIENCIA EN EVOLUCIÓN.

Tentación. ¿Cuál es la manera de proceder de una concín cuando en determinada etapa de su vida, estando comprometida con alguien que forma con ella una pareja evolutiva, descubre otra concín (tentación, *canto de sirena*, presión de las solicitudes, prueba crítica, *acid test*) que reconoce ser, de hecho o mucho más, su *real* pareja evolutiva?

Conciencialidad. La prueba crítica es la hora de la incorruptibilidad cosmoética, cuando la concín debe demostrar que tiene conciencia, sin autocorrupciones, ponderar cada detalle del panorama de su existencia intrafísica, siempre decidiendo dentro de la norma de holomadurez y de la megafraternidad: "que suceda lo mejor para todos nosotros".

8. PAREJA EVOLUTIVA Y DESPERTOLOGÍA

Despertología. La despertología es la especialidad de la Concienciología que estudia la desperticidad o la cualidad conciencial, evolutiva, del ser desperto, que ya no padece asedios interconcienciales patológicos ni todas las consecuencias evolutivas perjudiciales de esa condición.

Conjunto. Nadie pasa del nivel evolutivo de pre-sereno vulgar al nivel de ser desperto haciendo picnic. Hay que trabajar disciplinadamente las energías concienciales. Lógicamente, si tal propósito fuera desarrollado en conjunto, dentro de una pareja evolutiva bien formada, la conquista evolutiva puede ser menos difícil.

Holopensene. La creación y la manutención de un *holopensene cosmoético de a dos*, propio de la pareja evolutiva, es una predisposición extraordinaria para que las personas alcancen la desperticidad vivida (V. *Pareja Evolutiva y Pensenología*).

Rareza. Es un hecho aún muy raro en este planeta, encontrar una pareja íntima, de cualquier edad física, compuesta por 2 personas desasediadas permanentes, incluso *no totales*. Sin embargo, *rareza* no significa *imposibilidad*.

ENTRE NOSOTROS, YA EXISTEN PAREJAS EVOLUTIVAS VIVIENDO LA CONDICIÓN AUTOCONSCIENTE DE LA DESPERTICIDAD DE A DOS.

Epicón. La conciencia es extremadamente compleja. Incluso en la noción primaria, sin hiperagudeza respecto a la vivencia prolongada, por ejemplo, de conceptos avanzados tales como la base física, la cosmoética, el epicentrismo conciencial, el holorgasmo, la tares, la teneper y *hasta la pareja evolutiva*, aún no consiguen eximir al epicón (hombre o mujer) de los accidentes y peligros subyacentes en sí mismo, a su alrededor, en las proximidades y en sus relaciones íntimas.

Sectores. Entre los sectores más difíciles para la ejecución de la proexis, por parte del(a) epicón superexpuesto(a), deben ser incluidos la práctica diaria de la teneper y el ejercicio habitual de sexo diario.

Trafores. Entre los trafores que pueden ayudar más en la manutención de la homeostasis del holosoma del(a) epicón superexpuesto(a), se destacan 4:

1. **Pareja.** La formación de una pareja evolutiva.

2. **Comunicabilidad.** El nivel de su comunicabilidad interconciencial directa.

3. **Mnemotécnica.** La adquisición de la mejor mnemotécnica posible.

4. **Trinomio.** La vivencia continua, de hecho, del trinomio motivación-trabajo-placer.

Liderazgo. Tal como existe en la pareja evolutiva, sea cual fuere, *un compañero energéticamente más fuerte* y desenvuelto con las energías concienciales (*supremacía bioenergética*), siempre existirá también un *epicón principal*. Eso, sin embargo, no impide la vivencia de *epicentrismos autoconscientes de a dos*.

Machismo. Esta persona - el *líder energético* - puede ser tanto el hombre como la mujer. Tal hecho influye de forma considerable en la vida afectiva y psicológica de la pareja, especialmente si el hombre aún guarda resquicios muy notorios de *machismo*.

Sociedad. La sociedad de la pareja evolutiva presenta un nivel diferente y más evolucionado respecto a la conquista de la desperticidad. Este hecho puede ayudar a allanar las diferencias de manifestaciones cuando son muy diversas (brecha, *gap*) entre los compañeros.

Evolución. Es importante enfatizar aquí las 3 condiciones concienciales referidas a las relaciones de la pareja evolutiva con la despertología, cada una dependiente de la otra anterior, en este orden natural y creciente:

1. **Holopensene.** El holopensene cosmoético de a dos.

2. **Epicentrismos.** Los epicentrismos plenamente autoconscientes de a dos.

3. **Desperticidad.** La desperticidad lúcida de a dos.

Concín. Una concín pre-serena, sea hombre o mujer, más joven o más madura físicamente, *puede ser* o haber conquistado 10 *metas* extraordinarias dentro de la Socín, aún patológica:

1. **Hiperafectiva,** siendo incluso componente de pareja evolutiva actuante.

2. **Hiperasistencial,** siendo incluso practicante veterana de teneper.

3. **Hiperavanzada,** siendo incluso inversora existencial lúcida.

4. **Hiperdotada,** viviendo incluso con desenvoltura y lucidez la tridotación conciencial (intelectualidad, parapsiquismo, comunicabilidad).

5. **Hipergenética,** teniendo ya identificado y, que hoy, vive empleando fluidamente sus señales energéticas, intraconcienciales y parapsíquicas personalísimas.

6. **Hiperoperante,** siendo incluso practicante (militante, activista) de la tarea de esclarecimiento (tares).

7. **Hiperparapsíquica,** ya desempeñando incluso funciones de un (o una) epicón lúcido(a).

8. **Hipersexual,** practicando incluso el sexo diario, maduro y el holorgasmo.

9. **Hipersomática,** disponiendo incluso de un macrosoma, en una condición en que es perfectamente consciente o de certeza razonable.

10. **Hiperpsíquica,** empleando sus atributos concienciales con taquipsiquismo autolúcido.

Recursos. Sin embargo, aún con estos 10 recursos evolutivos magnos, puede estar viviendo todavía sin ser desasediada permanente total, o sin los rasgos del ser intrafísico desperto.

Meta. De ahí el por qué la meta evolutiva, hoy, prioritaria, para cada uno de nosotros pre-serenos, al igual que para los compañeros de una pareja evolutiva, es trabajar, a partir del simple estado vibracional, para alcanzar la condición avanzada de ser desperto lúcido.

LA PRÁCTICA DEL ESTADO VIBRACIONAL ES LA LLAVE ENERGÉTICA, AUTODEFENSIVA Y EL PRIMER PASO HACIA LA DESPERTICIDAD.

9. PAREJA EVOLUTIVA Y DESOMÁTICA

Desomática. La desomática es la especialidad de la Concienciología que estudia los contextos físicos de la desoma (muerte biológica) y los contextos concienciales, psicológicos, sociales, médico-legales y multidimensionales relacionados con la desactivación del soma (cuerpo humano), así como también la segunda y tercera desoma y sus consecuencias.

Desoma. Cuando un compañero de la pareja evolutiva desoma, el que queda en la vida humana debe encontrar otro compañero con el fin de constituir otra pareja y continuar, así, con la ejecución de su proexis personal, que le exige eso ante la evolución.

Morexis. Es importante considerar que, en ciertos casos, esa condición puede ser desencadenada por la morexis.

ANTE LAS SERIEXIS PERSONALES Y GRUPALES, NO EXISTE SOLO UNA PAREJA EVOLUTIVA PARA LOS PRE-SERENOS (PRE-SERENAS).

Enfermería. En el universo de la pareja evolutiva ha de considerarse el estado de la tercera edad y sus consecuencias en la *vida intrafísica de a dos*, cuando uno de los compañeros se transforma en el enfermero del otro o, incluso, cuando ambos llegan a vivir en la condición de *enfermería de a dos*.

Longevidad. Hay matrimonios que, excepcionalmente, pueden llegar a 7 u 8 décadas de vida en común.

Paradoja. Ocurre una paradoja práctica, aquí: en función de la condición de *aceleración de la Historia Humana*, esta condición tiende a disminuir pero, en contraposición, hay una tendencia evidente hacia la expansión de la longevidad humana.

Predominio. Estas 2 condiciones crean, hoy, esta paradoja donde solamente el futuro cercano podrá evidenciar lo que va a predominar en las relaciones interconcienciales en la vida dentro de la Sociedad Intrafísica: la fuerza de la aceleración de la Historia Humana o el aumento de la longevidad del soma.

Cisne. Nada impide que la pareja evolutiva sea constituida aún en la tercera edad (6 décadas en adelante) y en la cuarta edad (8 décadas en adelante), cuando los compañeros aún tienen lucidez y disposición para la recexis y la morexis, materializando en la intrafisicalidad el *amor tardío o el canto del cisne.*

LA CONDICIÓN DE LONGEVIDAD HUMANA ESTÁ EXPANDIÉNDOSE EN EL TIEMPO Y EN EL ESPACIO POR TODAS PARTES EN LA TIERRA.

10. PAREJA EVOLUTIVA Y EVOLUCIOLOGÍA

Evoluciología. La evoluciología es la especialidad de la Concienciología que estudia la evolución de la conciencia abordada de modo integral, holosomático, multiexistencial, multidimensional, en alto nivel, materia específica del orientador evolutivo o evoluciólogo.

Intercooperación. Una ventaja esencial en la vivencia de la pareja evolutiva (evoluciología) es su condición de *intercooperación evolutiva de a dos*, capaz de dinamizar de manera extraordinaria la evolución de cada compañero, ayudándose mutuamente el uno al otro, intencionalmente, con lucidez y dedicación constante.

Sinergismo. Este proceso de *vivencia sinérgica* acondiciona las energías de la pareja para la confluencia de resultados mejores y máximos, cuando los saldos energéticos y pensénicos sumados de ambos compañeros es superior en calidad al saldo individual de cada uno, al ser considerado aisladamente.

Asim. El amor romántico evolucionado trabaja contra el egoísmo y elimina el orgullo. Es la asimilación simpática (asim) entre 2 conciencias, la base práctica de la autoorganización evolucionada.

LA INVERSIÓN EN EL AMOR PURO ES EL EMPRENDIMIENTO MÁS LUCRATIVO EN LO REFERIDO A LA EVOLUCIÓN DE LA CONCIENCIA.

Cosmos. Quien no ama parasita a los otros. Quien ama enriquece el Cosmos.

Trafores. La pareja evolutiva hace profilaxis de las arrugas, y ayuda a un compañero a gravitar del predominio de los trafares al predominio de los trafores de modo recíproco.

Megafraternidad. La base de la relación de una concín con otra, desencadena las bases de su relación de megafraternidad con la población intrafísica y las parapoblaciones de las dimensiones y comunidades extrafísicas.

LA CONDICIÓN DE PAREJA EVOLUTIVA ES LA LLAVE IDEAL PARA ABRIR LA PUERTA DE LA EVOLUCIÓN CONSCIENTE Y AMPLIA, EN GRUPO.

Acompañantes. La concín, hombre o mujer, al constituirse como parte de una pareja evolutiva y compartir su vida intrafísica con alguien, ha de considerar seriamente a los acompañantes que llegan con el compañero: padre, madre, hermanos, tíos, esposo o esposa de una unión anterior y los hijos propios.

Conciexes. Sobre todo, precisa evaluar el *promedio evolutivo* de las compañías extrafísicas que vienen conviviendo con el candidato o candidata a compañero, o sea: asediadores, guías extrafísicos ciegos, o amparadores.

Convivencia. A rigor, ninguna pareja evolutiva humana vive completamente sola.

Concienciograma. El *concienciograma, cuando es consultado de a dos,* con evaluaciones francas, siempre esclarece más los puntos dudosos de la convivencia cercana.

Amor. El amor auténtico, reflexivo y cosmoético, ilumina los caminos, supera las divergencias y lima todas las aristas entre las conciencias.

Pasión. La pasión ciega, sin las evaluaciones del discernimiento, solamente trae desilusión para ambos compañeros.

Diálogo. El entendimiento, la interacción, el diálogo, la ejecución de la proexis en conjunto y el *pensenizar de a dos* es lo más importante para la manutención productiva de una pareja evolutiva.

Lealtad. La lealtad recíproca es la piedra fundamental sin la cual toda la construcción de la pareja evolutiva se desmorona.

Desconfianza. Si un compañero toma una actitud esencial y opositora, sin informar previamente al otro, sin respetar la opinión del compañero, eso ya representa un paso hacia el divorcio, la confianza mutua comienza a desaparecer y la pareja acaba deshaciéndose.

Monogamia. La existencia evolutivamente crítica que vivimos, la explosión demográfica predisponiendo a 1.001 promiscuidades y la condición de *aceleración de la Historia Humana*, hacen de la vivencia de la pareja evolutiva, monogámica, sin prole, una condición social avanzada, capaz de dinamizar la evolución de cualquier pre-sereno o pre-serena (V. *Pareja Evolutiva y Sexosomática*).

EXISTEN CONCIENCIAS CON PROFUNDAS AFINIDADES O GRAN EMPATÍA QUE PODRÍAMOS LLAMAR ALMAS HERMANAS.

gemelas. Las llamadas *almas gemelas* son tan solo expresiones románticas, literarias, infantiles e irracionales que no existen frente a la realidad evolutiva de las conciencias.

Complejidad. Somos extremadamente complejos en la condición de microuniversos concienciales. No existe ningún tipo de *gemelidad* de las conciencias, lo que sería, inclusive ilógico, un absurdo. Existe solamente la gemelidad de somas e incluso la xifopagia (teratología).

Tradiciones. Según la evoluciología, hay realizaciones intrafísicas muy antiguas y tradicionales, hoy anticuadas para los compañeros lúcidos de la pareja evolutiva, por ejemplo, estas 2:

1. Religión. La religión en muchos casos ha sido un medio instintivo de ascenso social o promoción personal para mucha gente, a través de los milenios de la Historia Humana. Sin embargo, los grilletes de la religión o las correas del *ego beato* generan tabúes ridículos, vejatoriamente absurdos o avergonzadamente irracionales para millones de concines.

Teneper. Las prácticas de la teneper hacen que la concín lúcida, hombre o mujer, dispense el apoyo de la religión de forma definitiva o para siempre.

2. Oración. La oración es un apoyo emocional infantil para millones de personas carentes y vulnerables respecto a su seguridad y equilibrio íntimo. Sin embargo, cuando la concín se apoya en la oración, pierde la confianza en sus propias potencialidades, que no se desarrollan, apoyándose en las fantasías, símbolos, fórmulas, velas, inciensos, ritos y objetos sacralizados, permaneciendo en una condición de dependencia evolutiva.

EV. El dominio del estado vibracional (EV) hace que la concín lúcida, hombre o mujer, dispense el apoyo de la oración de manera definitiva y para siempre.

11. PAREJA EVOLUTIVA Y EXPERIMENTOLOGÍA

Experimentología. La experimentología es la especialidad de la Concienciología que estudia los experimentos evolutivos de la conciencia en todas sus formas y categorías.

Vivencias. La *vivencia personal de a dos*, propia de la pareja evolutiva, es el mejor camino para la experimentología de la concín, en el amplio laboratorio evolutivo de la vida humana.

Medidas. Hay, por lo menos, 18 providencias personales o posturas técnicas, adecuadas y útiles, facultadas a cada compañero de la pareja evolutiva para ser consideradas en la experimentología cotidiana, en este orden natural de desarrollo:

1. Identificar el megratrafor personal.

2. Dominar razonablemente el estado vibracional o EV.

3. Entender teáticamente la grupalidad.

4. Vivenciar la condición de la invexis o de la recexis.

5. Saber emplear los autopensenes *cargados* en el *ene* (energías concienciales).

6. Instalar acoplamientos áuricos por la impulsión de la voluntad.

7. Hacer asimilaciones simpáticas de energías (assims).

8. Identificar la señalética energética (intraconciencial y parapsíquica) personal, poco a poco.

9. Sacar provecho de cualquier *primener intercurrente* en sus manifestaciones personales.

10. Usar cosmoética y explícitamente las seducciones sexochakrales con el compañero o compañera (la fórmula DD aplicada al sexo: *d*iálogo y *d*esinhibición).

11. Blindar energéticamente la alcoba de la pareja evolutiva.

12. Buscar la producción de las gestaciones *concienciales* y no de las gestaciones humanas.

13. Identificar el aura orgásmica del compañero (o compañera).

14. Esforzarse para alcanzar la vivencia del holorgasmo en conjunto.

15. Crear un *holopensene proyecciogénico*.

16. Instalar un *proyectarium (retrocognitarium, precognitarium)*.

17. Ejecutar la técnica clásica de la transmisibilidad proyectiva.

18. Demandar, cuando sea posible, la producción de proyecciones conscientes conjuntas.

Interacción. Es importante resaltar que 7 posturas, las número 6, 7, 10, 11, 14, 17 y 18, exigen la completa interacción entre los compañeros, pero, a cambio, desencadenan y mantienen la fijación del holopensene sano, en alto nivel, específico de la pareja evolutiva.

Insistencia. Si uno de los compañeros de la pareja evolutiva consigue realizar 9 de estas providencias y el otro, otras 9, aunque algunas sean las mismas, comunes a ambos, deben insistir, perseverantemente en los experimentos, por ejemplo, de las proyecciones conscientes conjuntas, si aún no las obtuvieron.

Resultados. Sorprendentes resultados evolutivos, proyectivos e interconcienciales pueden sobrevenir con la insistencia, a lo largo del tiempo, en esas posturas técnicas prácticamente inevitables e insustituibles como recursos para dinamizar la evolución recíproca y conjunta.

Necesidades. Según lo que los hechos intra y extrafísicos indican, tales posturas, probablemente con pocas modificaciones, todavía serán necesidades evolutivas corrientes para millones de concines en los próximos siglos en este planeta, a pesar de todas las conquistas científicas, tecnológicas, astronáuticas y la *aceleración de la Historia Humana.*

NO EXISTE PAREJA EVOLUTIVA BIEN FORMADA CON 2 CONCINES MAL CASADAS EN LA VIDA COTIDIANA.

Mujer. Hay un test concienciológico realista de 2 preguntas, para la mujer experimentadora, interesada en diagnosticar con toda autocrítica, el nivel de su pareja evolutiva, a través de la calidad de su afectividad, o sea, la plenitud de su amor romántico puro o solo de su sexualidad animal:

1. Romanticismo. En el romanticismo nace un vínculo afectivo, conciencial, continuamente gratificante, de construcción y permanencia de 2 concines lúcidas, con 2 proexis ya establecidas, en el desempeño de la tares y de la polikarmalidad, consistiendo en una interacción de mutualidad conciencial, dentro de su grupokarma, camino a la megafraternidad.

Presencia. Primera pregunta: - ¿Usted, en la condición de mujer, sexualmente madura, asumida, gusta con profundo amor romántico, con toda la sinceridad, de un *hombre específico* al que usted precisa ver con nitidez, claramente, sentir el *clima* de la presencia amorosa de él (holopensene personal), durante la sesión sexual, a fin de obtener su orgasmo máximo?

2. Animalidad. El vínculo material, instintivo y fugaz de la animalidad satisface tan solo en el momento, siendo más un ensayo breve, apenas una irrupción de aventura emocional de su individualidad, de su egokarma solo y aislado.

Imaginación. Segunda pregunta:-¿Usted, en la condición de mujer sexualmente madura, asumida, gusta más que nada, durante la sesión sexual, tan solo de la corona del glande en erección de un *hombre inespecífico* que usted no ve cara a cara, hasta en la oscuridad, pero que roza con violencia los pliegues de su vagina, en la posición sexual en la que usted se acuesta boca abajo de espaldas a él y que en esas circunstancias puede ser incluso cualquiera en su imaginación, porque usted no lo ve cara a cara en el instante de su orgasmo máximo?

Deducción. Como se deduce de la confrontación de estas 2 posturas: el amor romántico exige la presencia y *vivencia de una pareja*, o de una pareja evolutiva, para satisfacer al holosoma, la concín en sí, a través de una raíz bioenergética duradera.

Soma. El amor animal es una conducta de *cada uno por sí*, sin la interacción conciencial propia de la pareja evolutiva, una vivencia que satisface solo al soma en el momento, sin ninguna raíz bioenergética.

Análisis. Antes de la formación de una pareja evolutiva duradera y estable, hay 8 puntos críticos que deben ser analizados con profundidad, despojamiento y seriedad:

1. Conciencialidad. El nivel de importancia individual que se da a las realidades concienciales, o a la autoevaluación de la condición de conciencialidad de cada compañero.

2. Empatía. El nivel de afinidad o empatía de los compañeros - o la consolidación de afectos en 3 o en 30 vidas previas en común - con eliminación del instinto personal de posesión de cada compañero.

3. Bioenergía. El equilibrio bioenergético entre los compañeros donde 1 es siempre energéticamente más potente que el otro (*supremacía bioenergética*), es importante enfatizar que no siempre es el hombre.

EL DESNIVEL BIOENERGÉTICO, QUE EXISTE EN TODAS LAS PAREJAS EVOLUTIVAS, PRECISA SER DISMINUIDO, POCO A POCO, AL MÍNIMO.

4. Sexualidad. La compatibilidad en el campo de la interrelación afectivo-sexual.

5. Traforismo. El análisis conjunto de los trafores y trafares de cada compañero, resaltando los megatrafores conjuntos y eliminando, al máximo, los megatrafares conjuntos.

6. Metas. El establecimento de la dirección exacta que se quiere priorizar en la vida intrafísica (metas).

7. Evolución. El ritmo que se desea imprimir a la dinámica de la evolución conciencial de a dos.

8. Asistencia. El nivel de excelencia de cada compañero respecto a la asistencia extrafísica de los amparadores, condición que será potencializada por el sinergismo de la vivencia en común y sustentará la asistencia a otras concines y conciexes.

Armonía. Según los periódicos, en Noviembre de 1994, en Niterói, estado de Río de Janeiro, Brasil, una pareja cumplió 70 años (7 décadas) de armonía conyugal.

Modelo. Un hecho verdaderamente poco común, que sirve de modelo para las parejas evolutivas, a partir del principio pacífico de las ciencias convencionales: aquello que es realizable para un ser social es también realizable para todos los demás elementos de la Humanidad.

Hombre. Él, 99 años de edad, médico clínico general y pediatra, también poeta, apasionado por su esposa, nunca fumó y jamás ingirió bebidas alcohólicas.

Mujer. Ella, 88 años de edad, pintora, artista plástica que cuida las finanzas de la pareja, aún pinta *batik* de seda pura y expone anualmente sus trabajos.

Reunión. Tienen 2 hijos y, en la casa de la hija, fueron homenajeados por los amigos, 4 nietos y 3 bisnietos, en una reunión familiar rara en estos días y en esta Socín, donde las concines viven más, pero las uniones interpersonales acostumbran ser de corta duración.

Receta. La receta para la armonía fue dada por la pareja: "nunca pelearon" (seriamente); cada uno cree que el otro es *muy bueno*; "jamás tuvieron una discusión" (tipo *monstruosamente escandalosa*); afirman que la larga vida es fruto del acogimiento y de quererse mucho, y que todo eso tiene una importancia vital.

Reflexión. He ahí un ejemplo vivo sobre el cual las parejas evolutivas deben reflexionar con profundidad: una vida útil, de a dos, de mucho amor y mucho respeto mantiene la armonía interpersonal a través del entendimiento y el trabajo continuo hasta la tercera edad, durante 7 décadas, incluso desconociendo los principios libertarios más amplios y fortalecedores de la Concienciología.

Complexis. En un análisis concienciométrico, sucinto de este caso, podemos observar que la pareja evidenció 6 manifestaciones fundamentales para su éxito en la condición de armonía de a dos, a través de sus ideas innatas e inspiraciones:

1. **Autoorganización.** Presentó elevada autoorganización personal hasta hoy.

2. Conductas-patrón. Eligió conductas-patrón para vivir (por ejemplo, él llegó a ser presidente de la Sociedad Brasileña de Pediatría y de la Sociedad de Medicina y Cirugía de Niterói).

3. Euforín. Ambos llegaron a disfrutar la condición de euforín (euforia intrafísica) en la ejecución de su proexis de a dos.

4. Homeostasis. Ambos presentaron razonable homeostasis holo-somática.

5. Trafor. Los dos -como hábito- exaltaron siempre sus trafores a fin de rechazar sus trafares y mantener la armonía de su holopensene conjugado.

6. Tacón. Todo eso fue hecho en cumplimiento de una tarea, aunque aún sea de consolación (tacón), pero de la cual deben ser, evidentemente, completistas.

12. PAREJA EVOLUTIVA Y EXTRAFISICOLOGÍA

Extrafisicología. La extrafisicología es la especialidad de la Concienciología que estudia las relaciones y vivencias de la conciencia intrafísica (concín) en otras dimensiones, más allá de la intrafisicalidad.

Relaciones. A la extrafisicología le importa, sobre todo, los compañeros de la pareja evolutiva en función de sus relaciones con los holopensenes de los otros.

Complejidad. La condición de la pareja evolutiva es mucho más compleja y de mayores consecuencias evolutivas sanas, que la condición del casamiento convencional, según se observa en todos los capítulos de este libro.

Gestaciones. Las gestaciones humanas son constituidas a partir de 3 concines, o sea: se componen de 1 trío.

Grupalidad. Las gestaciones concienciales, incluso las desarrolladas a partir de una pareja evolutiva, son grupales, polikármicas y maxiuniversalistas, alcanzando a un número mayor de conciencias.

Encuentros. Hay parejas evolutivas que comienzan a formarse en encuentros extrafísicos reafirmadores de las decisiones del curso intermisivo reciente de ambas conciencias, antes del primer encuentro intrafísico, directo, cara a cara. Sin embargo, vale enfatizar: tal hecho es irrelevante.

Empatía. En la integración y desarrollo de la pareja evolutiva, lo que importa más es el porcentual del *ajuste empático* de ambos compañeros. Hay algunos que no precisan de esa reafirmación extrafísica en sus ajustes empáticos.

SIN CONCORDANCIA DE LAS VOLUNTADES, NO HAY GESTACIONES CONCIENCIALES EN GRUPO, NI EN LA PAREJA EVOLUTIVA.

13. PAREJA EVOLUTIVA
Y HOLOKARMOLOGÍA

Holokarmología. La holokarmología es la especialidad de la Concienciología que estudia la cuenta corriente holokármica de la conciencia en evolución, abarcando la egokarmalidad, la grupokarmalidad y la polikarmalidad, sus interacciones y consecuencias.

Polikarmalidad. El principio de la grupalidad trae, en sí, el desafío de la formación de la pareja evolutiva teniendo como objeto la condición de la *polikarmalidad de a dos*.

Cons. Dentro de la recuperación de la conciencialidad intrafísica y de la autoconciencia en lo referido a la grupalidad avanzada, la pareja evolutiva activa demuestra *alta recuperación de cons*, en contraposición a la baja recuperación de cons propia del individualismo terrenal, vulgar.

Grupista. El compañero o compañera de una pareja evolutiva libertaria, no facciosa, compone una de las muchas categorías de concines: la *grupista*.

LOS CONVIVIENTES DE UNA PAREJA EVOLUTIVA NO PRECISAN SER CONNIVENTES CON LOS ERRORES DEL GRUPÚSCULO DE SU GRUPOKARMA.

Amparador. Una concín mantiene o dispensa, consciente o inconscientemente, la asistencia iluminadora del amparador. Sucede lo mismo en la relación de la concín con el compañero o compañera de la pareja evolutiva.

Dispensa. Está aquella separación de compañeros de parejas evolutivas que representa, para quien la desencadena, una verdadera dispensa del amparador, o sea: una pérdida absurda, un perjuicio profundo.

Uniones. Hay 4 naturalezas de uniones sociales, o afectivo-sexuales, impracticables para la manutención de la pareja evolutiva:

1. **Accidental.** Unión generada por atracción momentánea o aventura emocional.

2. **Desconectada.** Unión desconectada de concines, generada por el llamamiento sexual recíproco y el llamamiento conciencial unilateral. Esta condición no siempre consigue mantener una pareja evolutiva exitosa para ambos compañeros.

3. **Sacrificada.** Unión donde uno de los compañeros permanece sin renovación o reciclaje existencial, en un nivel inferior de conciencialidad en relación al otro que desea progresar, y sin la vivencia del régimen de reciprocidad conciencial, cosmoética y mentalsomática.

4. *Colorida.* El nuevo modelo de hogar de la década de los 90, el llamado *divorcio colorido*, donde los compañeros permanecen bajo el mismo techo después de la separación formal, debido a intereses económicos, financieros y sociales, con el *cruce de los sustitutos* en el mismo holopensene, no se adapta a los principios libertarios ideales de la pareja evolutiva. Esta modalidad de coexistencia puede generar, inclusive, en ciertos casos, inestabilidades emocionales en la prole de los compañeros, representando entonces, en este contexto, una *relación enfermiza.*

EN LA CAMINATA DE LA VIDA, LA CONCÍN VA COMO PAREJA EVOLUTIVA O, A MENUDO, HACE DE SUS COMPAÑEROS DE EXCURSIÓN, ANIMALES DE CARGA.

Mérito. Las personas en general no se unen con el compañero(a) ideal de su pareja evolutiva, porque aún no merecen esa condición.

Interprisiones. Casi siempre todavía existen interprisiones grupokármicas que impiden la realización evolutiva.

Precio. La constitución de una pareja evolutiva victoriosa tiene su precio, en general mucho más alto que el que se paga parea componer un matrimonio tradicional, vulgar, y con frecuencia, evolutivamente estancador.

Concesión. Para lograr algunas cosas, es preciso ceder otras (concesión), sin ninguna rendición o masoquismo.

Renuncia. Todo lo que hacemos expresamente en relación a la evolución autoconsciente en esta vida humana, implica algún tipo de renuncia o abnegación. La condición de la pareja evolutiva no podría ser la excepción de este principio estoico de la holomadurez.

14. PAREJA EVOLUTIVA
Y HOLOCHAKRALOGÍA

Holochakralogía. La holochakralogía es la especialidad de la Concienciología que estudia las manifestaciones de la conciencia humana (concín) derivadas del holochakra, o de su paracuerpo energético. La vida humana es, ante todo, una experiencia holochakral.

LOS 2 LARINGOCHAKRAS DE LA PAREJA EVOLUTIVA, POR SÍ SOLOS, YA COMPONEN UNA ASAMBLEA LISTA PARA DISCUSIONES Y DEBATES.

Uniones. Los compañeros de una pareja evolutiva que presentan profunda empatía, afinidad o amor romántico de alto nivel, exhiben, indisimuladamente para los clarividentes, 2 categorías de uniones o *casamientos*:

Auras. En primer lugar, el casamiento, acoplamiento energético o *parapsíquico* de sus auras más o menos *geminadas*, generadas por las energías de sus holochakras.

Socín. Después, en segundo lugar, el casamiento o acoplamiento social, propiamente dicho.

Holopensene. El *holopensene cargado en las energías (enes)*, que desencadena el *casamiento de las auras*, es el factor que mantiene unidas a las parejas (concines), incluyendo a los compañeros de una pareja evolutiva exitosa.

Acoplamientos. La práctica de los *acoplamientos áuricos de a dos*, consecutivos y constantes de ambos compañeros de la pareja evolutiva, predispone los estados vibracionales profilácticos en conjunto, después de establecido el hábito de las clarividencias faciales.

Identificación. El compañero energéticamente más fuerte de la pareja evolutiva - líder energético - puede ser identificado por la mejor *performance* que presenta con las energías, defensas de los asedios y la sensibilidad a los fenómenos parapsíquicos, comenzando por el sencillo acoplamiento áurico. Esta condición es importante y útil en muchas oportunidades, inclusive en la generación de holorgasmos (V. *Pareja Evolutiva y Sexosomática*).

EVs. El hábito de desencadenar *estados vibracionales* (EVs) simultáneos, *de a dos*, profilácticos, en conjunto, al mismo tiempo, en el mismo lugar (alcoba energéticamente blindada), periódicamente, prepara a ambos compañeros de la pareja evolutiva para la vivencia de las proyecciones concienciales conjuntas (PCCs) avanzadas (V. *Pareja Evolutiva y Proyecciología*).

UN COMPAÑERO DE LA PAREJA EVOLUTIVA HACE, QUERIENDO O NO, TODO EL TIEMPO, ASIMILACIONES SIMPÁTICAS DE LAS ENERGÍAS DEL OTRO.

Vampirismo. Con el tiempo puede hasta ocurrir el vampirismo energético, patológico, del más fuerte sobre el más débil (V. *Pareja Evolutiva y Parapatología*).

Señalética. Con el objetivo de dinamizar la mejora de la pareja evolutiva, es importante que cada compañero identifique las propias señales energéticas, intraconcienciales y parapsíquicas, a fin de predisponerse a las proyecciones conscientes conjuntas y, lo que es más relevante, implementar sus autodefensas energéticas (V. *Pareja Evolutiva y Paraprofilaxis*).

Convivencia. Una convivencia afectiva con sexualidad madura es una *vida energética de a dos*, en una condición de acoplamiento áurico lo más permanente posible entre 2 concines. Eso es perfectamente factible para quien admite las investigaciones de las verdades relativas de punta.

Alegría. El sexo sano de la pareja evolutiva mantiene una atmósfera afectiva, u *holopensene cosmoético de a dos*, continuamente alegre, más allá de cualquier preocupación sobre las vicisitudes de la vida intrafísica y del Universo.

Sexochakra. Para la evoluciología, el sexochakra, a partir de los instintos humanos, en sus 2 géneros, tan vilipendiado por la ignorancia humana en lo relativo a la evolución multidimensional de la conciencia, representa 5 cualidades notables o, como mínimo, 5 condiciones determinantes con repercusiones más allá de la fisiología humana, en orden natural:

1. Especie humana.

2. Grupalidad.

3. Sociabilidad.

4. Pareja evolutiva.

5. Megafraternidad.

Familia. El sexochakra es el factor desencadenante de la vida intrafísica, la piedra fundamental de la sociabilidad y de la formación de la célula mater social o de la familia nuclear dentro de la sociedad intrafísica.

EN LA EXUBERANCIA DE SU SATISFACCIÓN, LA PAREJA ENAMORADA VIVE RIENDO APARENTEMENTE SIN MOTIVOS PLAUSIBLES.

ECs. Toda esa alegría es generada y mantenida por las asimilaciones simpáticas de energías concienciales (ECs), incesantemente realimentadas.

Reclamos. En este caso, no hay tristezas, censuras o reclamos ni de uno ni de otro compañero componente de la pareja evolutiva consciente.

Desinhibición. La *desinhibición*, la sinceridad y la autenticidad son vividas enteramente, en un nivel superior a toda convivencia con las otras concines en la vida actual.

Libertad. Las entregas recíprocas y concesiones totales establecen el clima interconciencial de la desinhibición y de la *libertad máxima de a dos*.

Pensenidad. Un microuniverso conciencial se funde *pensénicamente* en el otro, a través de pensamientos, sentimientos, energías concienciales, humores y secreciones.

Interfusión. Más que la conexión orgánica de los sexos, hay una fusión de los punteros de las 2 concines, iguales a las agujas del reloj al marcar el mediodía soleado de la primavera. Ellas se vuelven, temporalmente, una sola, interpenetradas una en la otra.

Auras. Esa interfusión energética, frecuentemente, es detectada por los clarividentes hasta en reuniones sociales.

Conocimiento. El deseo del conocimiento mutuo despunta insaciable, pero tierno, para ambos compañeros de la pareja evolutiva.

Redescubrimientos. Surgen redescubrimientos a cada minuto en uno y otro compañero.

Placeres. Nacen placeres en cada gesto o postura de una y de otra concín.

UNA INSATISFACCIÓN CONSTANTE, PARADÓJICAMENTE, CONSTITUYE LA ÚNICA CONDICIÓN QUE SATISFACE A LOS COMPAÑEROS DE LA PAREJA.

Ansiedad. El ansia aparece como felicidad pura. Una ansiedad siempre apetecible busca y sustenta el contacto íntimo, mirada a mirada, poro a poro, chakra a chakra.

Somática. Los sexos mentales o psicológicos se casan con los sexos orgánicos o físicos.

Sexo. Hay 2 categorías de sexos:

Soma. El *sexo somático* entre las ingles: instinto, excitación.

Holosoma. El *sexo holosomático* entre las orejas: voluntad, intencionalidad, pensenes.

Refundición. Todo el soma, en cada uno, vibra con el ansia de la búsqueda y en la refundición de las energías concienciales.

Primener. En este punto, en pleno apogeo de las energías concienciales sanas, especialmente cuando la pareja íntima busca las gestaciones concienciales por la ejecución de la tares, dentro de un régimen evolutivo de pareja evolutiva lúcida, nace la primener, o primavera energética mutua del par sin prole.

Prole. En la vida moderna, la ausencia de hijos puede ser una condición de mejor armonía sexual, sin celos, de la pareja evolutiva independiente y libre, sin prole.

Hijo. Dentro del holopensene de los compañeros de la pareja evolutiva lúcida, constituida por 2 concines sin prole, un hijo no será, obviamente, una ayuda evolutiva, prioritaria, para nadie. Es una cuestión de discernimiento e información.

Crianza. La crianza de 1 hijo o hija exige 15 o 20 años de *indisponibilidad para la conciencialidad* por parte de la madre o el padre, o de ambos, que abrazan una tarea prioritaria de responsabilidad indescartable e intransferible. En cada caso se ha de ponderar: ¿vale la pena la permuta de la gestación conciencial por 1 gestación humana más, umbilical, vulgar, repitiendo (automimesis) lo que ya fue desarrollado en vidas anteriores?

Asedios. Millones de gestaciones humanas - los estados de embarazo - ocurren en función de asedios interconcienciales e interdimensionales. Muchos asedios interconcienciales deshacen buena parte de las proexis de las concines.

Separación. La venida de los hijos es considerada hoy un motivo grave de separación conyugal. Son muy comunes las separaciones durante el periodo de embarazo. Según las estadísticas recientes, más del 80% de los hombres no practican sexo durante el embarazo de sus compañeras.

Proexis. La *primener de a dos* es, por lo tanto, aquella condición en que los compañeros se aman de hecho y dominan las aplicaciones de las energías concienciales sanas, con entera lucidez, construyendo sus programaciones existenciales a través de gestaciones concienciales.

Ayuda. La holochakralogía puede ayudar profundamente al interesado (o interesada) en esta fase de su vida afectiva magna.

SABER MANTENER, EN ALTO NIVEL, LA FASE DE PRIMENER DE A DOS, ES EL DESAFÍO FUNDAMENTAL DE TODA PAREJA EVOLUTIVA EN LA TIERRA.

15. *PAREJA EVOLUTIVA Y HOLOMADUROLOGÍA*

Holomadurología. La holomadurología es la especialidad de la Concienciología que estudia la holomadurez de la conciencia humana, o madurez integral, biológica, psicológica (mental) y multidimensional u holosomática, en todas sus formas de manifestación y sus consecuencias evolutivas.

Cons. El ideal es que los 2 compañeros de la pareja evolutiva puedan alcanzar un alto nivel de vivencias de sus unidades de lucidez, dentro de un esfuerzo concentrado de *recuperación de cons de a dos.*

Diferencias. Hay relaciones interconcienciales maduras e inmaduras. Una pareja evolutiva integrada y activa es bien diferente a un casamiento tradicional, y mucho más que una pareja íntima de relación neurótica.

Empleo. El casamiento puede ser un mero empleo para ciertas personas. Tal postura no funciona en lo referido a una pareja evolutiva.

Socialismo. La pareja evolutiva vive la mutualidad del *socialismo evolutivo de a dos,* con renovaciones, innovaciones y sorpresas agradables.

LA UNIÓN DE LA PAREJA EVOLUTIVA SE DA POR EL VÍNCULO CONCIENCIAL Y NO POR EL VÍNCULO LABORAL.

Dobles. En rigor, la pareja evolutiva constituye la reunión de varios pares de rasgos personales de afinidad o de amor puro, al modo de estos 12 pares de trafores y trafares, megatrafores y megatrafares:

1.   **Concines.** La pareja evolutiva es la reunión de 2 concines con individualizaciones nítidas y maduradas a través de milenios.

2.   **Diferencias.** Dos seres complejos, enteramente diferentes en miríadas de sentidos y direcciones.

3.   Egoísmos. Dos egoísmos meticulosamente estructurados por separado, en multiexistencias, a través de milenios.

4.   Caprichos. Dos caprichos que buscan atender anhelos, verdaderamente, aún no atendidos.

5.   Sótanos. Dos *sótanos concienciales* de naturaleza y niveles de influencia muy diversos.

6.   Químicas. Dos epidermis vitalizadas, movidas por químicas u hormonas diferentes, de genéticas diversas.

7.   Holochakras. Dos holochakras recién adquiridos por 2 concines para supervisar 2 somas nuevos.

8.   Sexosomas. Dos sexosomas afortunadamente diferenciados y predispuestos a interacciones.

9.   Voluntades. Dos voluntades de niveles diferentes en relación a la lucidez, calidad y actuación.

10. Filosofías. Dos filosofías derivadas de herencias cromosomáticas y mesológicas dispares, incluso en referencia a las intencionalidades.

11. Políticas. Dos políticas individuales y grupokármicas que actuaron diferentemente hasta hoy.

12. Evolución. Dos niveles evolutivos afines que procuran la integración máxima posible.

Ideal. Lo ideal para la pareja evolutiva es disminuir las desemejanzas y expandir las similitudes entre una concín y otra, hasta llegar a un porcentual mínimo de 51% de trafores similares. Si fuera necesario, hacer para eso un *pacto de fidelidad.*

OBVIAMENTE, UNA PAREJA EVOLUTIVA LÚCIDA NO PRETENDE UNA UTÓPICA SIMILITUD DEL 100% DE SUS COMPAÑEROS EN CUALQUIER NIVEL.

interacción. Cuanto mayor es la interacción, de mano doble, en la reciprocidad de estas variables, más perdura el amor en la pareja evolutiva, inclusive en una condición de *primener de a dos*.

Discordancia. Hay personas discordantes con la propia *imagen* en el espejo o, si prefieren, con la propia sombra.

Hombre. El hombre de mayor edad, tiene que reflexionar más que la mujer sobre el asentamiento firme de la pareja evolutiva, a fin de que ambos decidan, conjuntamente en mejor nivel, sobre las directrices existenciales dentro de la vida intrafísica.

EL AMOR INTERCONCIENCIAL, ROMÁNTICO, CUANDO ES AUTÉNTICO, EXIGE EL PAGO DE PEAJES.

Incapacitación. Por eso, el amor auténtico tiene su precio. Frecuentemente, puede ser hasta incapacitante o invalidante.

Muchacha. Por ejemplo: si bien la muchacha, fisiológicamente, madura más temprano que el muchacho; una de las cosas existentes - paradójicamente - más bellas para observar en la intrafisicalidad, es la mujer joven de 20 años de edad física, enamorada, de hecho, porque en esta condición, ella se vuelve incapaz de razonar.

Psicosoma. El mentalsoma de la joven se encuentra absorbido por emociones potencializadas y todavía no dominadas. Por eso, paga su peaje por amar de manera auténtica, bajo el yugo del *antiguo* psicosoma y del cardiochakra y sexochakra *nuevo*.

Omisión. De ahí el por qué, en lo relacionado con la holomadurez, será siempre mejor entonces, que el hombre mayor que la mujer, en muchos casos, asuma su papel en esta coyuntura, que exige el máximo discernimiento, y supla las omisiones en las *planificaciones interconcienciales*, para la consolidación efectiva de la pareja evolutiva.

Pilares. Una pareja evolutiva madura solo se forma sobre los pilares sólidos de la madurez conciencial. Así, podemos realizar un test para quien esté interesado en chequear su madurez básica respecto a la formación de la pareja evolutiva.

Proexis. Usted es, por ejemplo, un joven experimentador o experimentadora, que desea sinceramente encontrar una compañera o compañero para formar una pareja evolutiva lúcida a fin de cumplir sus proexis, integradas, de a dos.

Rasgos. En demanda de su objetivo, usted busca, justificadamente, una personalidad que puede ser resumida, de preferencia, en 10 rasgos:

1. Un individuo o joven (hombre o mujer) alegre.

2. Alguien *buena onda*, bonachón, todo el tiempo.

3. Un ser optimista inteligente.

4. Un señor o señora con responsabilidades.

5. Un ser social libre de preocupaciones.

6. Una criatura, de hecho, sin problemas mayores.

7. Un ser humano bien nutrido.

8. Una persona que disfruta de la vida.

9. Una personalidad integrada madura.

10. Un *favorito* o *favorita de los dioses.*

Posturas. Sin embargo, usted puede estar viviendo una existencia exultante de acuerdo, por ejemplo, con estas 10 posturas o conductas:

1. Frecuenta reuniones sociales desenfrenadamente.

2. Va a fiestas, bailes, discos, o a restaurantes de moda.

3. Participa de paseos clásicos de la pandilla con automóviles último modelo.

4. Realiza las visitas de cortesía siempre que es preciso.

5. Promueve intercambio de galanterías donde es necesario.

6. Pone su correspondencia *diplomática* al día.

7. Emplea las etiquetas obligadas en las fiestas de cumpleaños donde es invitado(a).

8.   Usa la máxima hidalguia barata posible.

9.   Aplica el *carácter de dama* o la caballerosidad más insensata según las circunstancias.

10. Genera tonterías inútiles (*megabobadas*) y mil cosas, sin ningún provecho, por todas partes.

Test. ¿Usted juzga que hay coherencia entre sus aspiraciones y la calidad de sus acciones? ¿Usted no cree necesaria una corrección en el curso de su teática y en la integración de su verbacción? ¿Qué tal analizar si no es conveniente un poco más de autocrítica en el pulido de las aspiraciones?

Evaluación. Como se observa, la consolidación de una vida de a dos, dentro de los principios de la pareja evolutiva, exige una evaluación rigurosa de los valores personales de un compañero en confrontación con los del otro.

Afinidades. Se busca en este contexto el máximo de afinidades existentes, sea en cuanto a las ciencias, a los gustos, a las preferencias, a los objetivos y intereses fundamentales en la vida humana, al ocio, a las artes, a las programaciones culturales, a la sexualidad y, sobre todo, en lo referido a las metas a corto, medio y largo plazo dentro de la proexis de cada uno.

Puntos. Es lógico que haya siempre puntos que *no concilian*, discordantes. Son parte de la naturaleza humana. Eso es de esperar. Nadie es idéntico. No existen fotocopias de conciencias o *almas gemelas*.

CADA COMPAÑERO DE LA PAREJA EVOLUTIVA HA DE AYUDAR AL OTRO EN AQUEL PUNTO DE DISCORDANCIA INTERPERSONAL (BUSILIS, NUDO GORDIANO).

Brotes. Es preciso igualmente conocer los lados de *brotes de bicho* de la otra persona, *aquellos 5 minutos*, el *cuello de botella mayor*, las manifestaciones del subcerebro abdominal todavía vivas (*sinrazones zoogénicas*) y saber fríamente si usted, el evaluador interesado, será capaz de soportar todo aquello con ánimo imperturbable y si dispone de posibilidades personales efectivas de ayuda.

Limitaciones. Aún dentro del contexto de la holomadurología, tenemos que considerar las limitaciones de cada concín en lo relativo al acto de aceptar y vivir las verdades relativas de punta.

Actividad. La conciencia no para. Toda vida sedentaria, o la inactividad humana, se transmuta, poco a poco, en enfermedad. La pareja que presentamos e investigamos aquí, es *evolutiva*.

LOS COMPAÑEROS TIENEN QUE LUCHAR, TODO EL TIEMPO, CONTRA LA COMODIDAD O EL ESTANCAMIENTO EN SUS DESEMPEÑOS.

Crisis. Un problema que afecta a la pareja evolutiva, generando una gran crisis de crecimiento, es el incremento y la aceleración de las adquisiciones de las verdades relativas de punta.

Desfase. La condición de la pareja evolutiva ya existe en función de las verdades relativas de punta, por lo tanto, el desarrollo de la apertura conciencial que proporciona puede afectar particularmente a uno de los compañeros de la pareja evolutiva cuando este se acomoda en algún punto en el medio del camino, quedando atrás, desfasado en relación a la marcha progresiva hacia las metas concienciales cada vez más avanzadas o de vanguardia, vislumbradas por el otro compañero.

Maxidisidencia. Ambos compañeros tienen que mantener el nivel de conciencialidad alerta para no olvidar que la única disidencia ideológica, sana y válida que existe es la maxidisidencia -generada por la *renovación mayor* de la propia concín que se sitúa más allá del promedio de su equipo de tareas evolutivas-, con la cual y por la cual ambos deben seguir luchando juntos, y donde a veces la concín más lúcida se ve obligada a seguir sola, adelante, porque consigue y desea alcanzar un punto más avanzado que vislumbra e identifica en la línea de las verdades relativas de punta, del que los compañeros iniciaron juntos.

Asincronía. Es impracticable mantener una pareja evolutiva exitosa cuando es asincrónica, donde 1 compañero es minidisidente y el otro es maxidisidente en relación a las verdades relativas de punta que ambos abrazaron y por las cuales se empeñan.

Minidisidencia. Toda minidisidencia es egocéntrica, infantil y patológica, generada por algún problema personal egoísta o de *ombligón* y, por lo tanto, contra los principios puros de la pareja evolutiva.

Cosmoética. Un compañero no puede querer *sujetar al otro* en la retaguardia, sirviendo de escollo, remolque u obstáculo, impidiendo o trabando la marcha de su *partner*, solamente porque se resiste o teme seguir hasta un punto más avanzado. Aún así, el más fuerte debe auxiliar al más débil hasta el punto máximo que sea posible.

Cesión. Si el compañero no quiere la renovación, lo correcto y cosmoético será dejar (cesión cosmoética) que el otro siga con otra compañía hacia su destino más dinámico y abierto a la evolución más amplia, que exige esfuerzo, disposición y motivación.

Hechos. Solamente debe "mantener banca quien tiene competencia". Feliz o infelizmente, esta es la realidad de los hechos que presenciamos, muchas veces hasta entre los propios voluntarios de las Instituciones Concienciocéntricas (ICs).

Correas. Los compañeros de la pareja evolutiva deben permanecer atentos al hecho de que las maxidisidencias pueden ocurrir en relación a varios sectores o generadas por las múltiples *correas sociales del ego* o *ambientales de la concín en la Socín*, preconceptos y discriminaciones propias de la sociopatología, por ejemplo, estas 4:

1.   **Raza.** La familia (el hogar, la raza) sea la primera o la segunda.

2.   **Escolaridad.** La escolaridad formal, la escuela o el área de las ciencias convencionales (universidad, carrera).

3.   **Clase.** El sindicato, el club o los contextos de pasatiempos del círculo de relaciones sociales (clase, *status*), la entidad estudiantil, una de las fuerzas armadas, la profesión.

4.   **Ideología.** La ideología, sea política (partido), religiosa (iglesia), artística (escuela), o incluso asistencial, institucional (vínculos), industrial (profesional) y comercial (economía).

LOS PRINCIPIOS DE LA PAREJA EVOLUTIVA ELIMINAN LOS ANTIGUOS CASAMIENTOS POR IMPULSO, PRÁCTICA MUY COMÚN ENTRE PERSONAS PRECIPITADAS.

16. PAREJA EVOLUTIVA Y HOLOSOMÁTICA

Holosomática. La holosomática es la especialidad de la Concienciología que estudia el holosoma, el conjunto de vehículos de manifestaciones, sus funciones y aplicaciones de la conciencia (concín o conciex).

LA HOMEOSTASIS HOLOSOMÁTICA ES EL ESTADO INTEGRADO, SALUDABLE (SANO) Y ARMÓNICO DEL HOLOSOMA.

Interfusión. La interfusión conciencial es la interacción máxima y efímera de las manifestaciones pensénicas de 2 conciencias extremadamente afines, con asimilaciones energéticas, simpáticas, profundas.

Holorgasmo. La *homeostasis holosomática, simultánea, de a dos*, sustenta la práctica del holorgasmo de los compañeros de la pareja evolutiva (V. *Pareja Evolutiva y Sexosomática*).

Atractivos. Hay, entre otras, 3 categorías de atractivos que impulsan a los seres sociales a vivir y a mantenerse juntos en la condición de parejas íntimas:

1. **Sexosomáticos.** Atractivos de origen sexual (sexosoma).

2. **Psicosomáticos.** Atractivos de origen empático, emocional y energético (psicosoma).

3. **Mentalsomáticos.** Atractivos de origen intelectual (mentalsoma).

Holomadurez. En la pareja evolutiva ha de ocurrir la unión de estas 3 categorías de atractivos, con predominancia nítida de la holomadurez del mentalsoma.

Vegetalismo. El célibe; la solterona; el eunuco de sexochakra muerto, sin vida sexual activa, aislado; la concín sin ser compañera de una pareja evolutiva; el casto; la virgen *invicta*; o la persona que vive habitualmente *desemparejada* en su existencia intrafísica, castran sus energías y caminan hacia el vegetalismo conciencial.

Homeostasis. La condición de pareja evolutiva es un estado social más evolucionado porque satisface las necesidades fisiológicas y concienciales de entereza e integridad indispensables en la manutención de la homeostasis del holosoma de las concines.

17. PAREJA EVOLUTIVA E INTERMISIOLOGÍA

Intermisiología. La intermisiología es la especialidad de la Concienciología que estudia el período de la intermisión de la conciencia en evolución, comprendido entre 2 de sus vidas personales, dentro de su ciclo evolutivo multiexistencial.

Etapas. La intermisión se inserta en 3 etapas evolutivas, consecutivas y repetitivas, siempre en este orden natural:

1. Resomática: llegada a la intrafisicología.

2. Desomática: partida de la intrafisicología.

3. Intermisión: extrafisicología.

EL PERÍODO INTERMISIVO MÁS RELEVANTE ES EL RECIENTE, ENTRE ESTA Y LA ÚLTIMA VIDA EN LA TIERRA, EL SALDO DE NUESTRA EVOLUCIÓN.

Curso. La intermisiología presenta importancia directa en la formación de la pareja evolutiva, debido a los colegas que quizás hayamos tenido en nuestro *curso intermisivo* más reciente o con los cuales hayamos preparado, en determinados casos, por ejemplo, una *proexis grupal*, conjuntamente con el evoluciólogo de nuestro grupo evolutivo.

Retrocogniciones. En este caso las *retrocogniciones de a dos* ocurren y clarifican mejor los hechos comprendidos entre la intermisión y la vida intrafísica actual (V. *Pareja Evolutiva y Mnemosomática*).

18. PAREJA EVOLUTIVA E INTRAFISICOLOGÍA

Intrafisicología. La intrafisicología es la especialidad de la Concienciología que estudia las relaciones y vivencias de la concín en esta dimensión intrafísica o humana.

LA PAREJA EVOLUTIVA ES UNA CONDICIÓN INTERCONCIENCIAL E INTRAFÍSICA DE MUTUAS CONCESIONES INEVITABLES.

Intercooperación. Como ya fue expuesto, la pareja evolutiva está constituida por la formación de 1 par o reunión de intercooperación existencial entre 2 seres afines.

Coexistencia. En el *régimen coexistencial de a dos*, de la pareja evolutiva una norma inteligente se impone: no enfrente a su compañero con exigencias, sin antes enfrentarse a sí mismo, *junto con su compañero*, haciendo concesiones. En otras palabras: primero, las inevitables concesiones, después las indefectibles exigencias.

Instrumento. Después de cierto nivel evolutivo, el compañero es un instrumento único e indispensable para que la concín se enfrente a sí misma.

Concesiones. He aquí, en resumen, 20 posturas-concesiones sobre las cuales el compañero o la compañera puede y debe *ceder*, mutuamente, en la *relación de a dos*:

1. **Apertura**. Mantener una *relación existencial* lo más abierta posible.

2. **Desprendimiento**. Vivir con desprendimiento o *desposesividad mutua*.

3. **Sexualidad**. Permitir, con equilibrio - si fuera un caso extremo - la vivencia de la condición de *infidelidad sexual*, relativa, de emergencia, mutua y expuesta. El sexo es un factor del soma.

LAS ACCIONES A TRAVÉS DEL SOMA PRECISAN SIEMPRE SER SUPERENTENDIDAS POR EL DISCERNIMIENTO DEL MENTALSOMA.

4. Resoluciones. Tomar las *resoluciones vitales* de cada uno, siempre en conjunto.

5. Acoplamientos. Hacer *acoplamientos áuricos profilácticos*, entre sí, cuando sea necesario, a fin de alcanzar la fusión o la *simbiosis energética de a dos.*

6. ECs. Identificar, en la práctica, el *componente más fuerte*, energética y parapsíquicamente de la pareja evolutiva.

7. Teneper. Contribuir positivamente a la ejecución de la teneper, o la tarea energética, personal y diaria del *partner*, socio evolutivo más apto o capaz.

8. Trafarismo. Entender cooperativamente los *trafares del otro* o de la otra.

9. Sociabilidad. Desarrollar un *círculo de relaciones* con concienciólogos, concienciólogas, inversores, reciclantes existenciales avanzados y practicantes de teneper, hombres y mujeres.

10. Cosmoética. Evitar la *rivalidad anticosmoética* en las manifestaciones de la pareja evolutiva.

11. Autodiscernimiento. Investigar entre sí quien es más talentoso en el ejercicio del *autodiscernimiento* en cualquier dimensión conciencial.

12. Autoorganización. Concordar que al más autoorganizado le cabe determinar la dinamización de la *vida intrafísica, evolutiva, de a dos.*

13. Erudición. Reconocer, en el día a día, objetivamente, quien es el más apto para alcanzar rápidamente el generalismo autodidacta y la *erudición parapsíquica* autodidacta.

14. Obras. Cooperar con las obras, o *gestaciones concienciales*, del compañero o de la compañera, sea cual fuere el sector o el área humana constructiva a la que se dedique.

15. Carrera. Acatar mutuamente la *carrera profesional* de subsistencia del otro. Una conciencia humana puede ser esencialista, mayorista, inusual, o superficial, minorista, vulgar.

16. Proexis. Empeñarse para que el otro, o la otra, ejecute plenamente su *mandato existencial intrafísico* (proexis) hasta llegar, por lo menos, al complexis.

17. Holorgasmos. Procurar con todo esfuerzo, la producción de *holorgasmos* u orgasmos holosomáticos conjuntos simultáneos.

18. Economía. Emplear la *ley de economía de males* en los reajustes cosmoéticos en lo relativo a la conducta recíproca: entre 2 males inevitables, prefiera siempre el menor. La pareja evolutiva cultiva el *amor* vivenciado sin ninguna credulidad.

19. Aislamiento. Respetar la necesidad de *aislamiento fructífero eventual* del compañero, o de la compañera, en determinadas coyunturas de la vida intrafísica, siempre compleja.

20. Recexis. Facultar el *pasaje de la condición* de invexis a la de recexis del *partner* evolutivo que lo desee.

LA PAREJA EVOLUTIVA TAMBIÉN ES UNA CONDICIÓN INTERCONCIENCIAL E INTRAFÍSICA DE MUTUAS EXIGENCIAS.

Exigencias. En la relación de la pareja evolutiva hay, en resumen, 20 posturas-exigencias sobre las cuales se puede y debe dar importancia, mutuamente, con el compañero o la compañera:

1. Sinceridad. Tener *sinceridad absoluta*, sin autocorrupciones, confirmada por las propias energías concienciales. El *asediador* es, antes de todo y de todos, el verdugo de sí mismo.

2. Higiene. Mantener la *higiene* física *y mental anti-AIDS*: anti-herpes *simplex*, bucal o sexual; y embarazo no deseado.

3. Armonización. Desarrollar la *cohabitación armónica* y siempre enriquecedora, independientemente de los percances y vicisitudes de la vida intrafísica.

4. Ayuda. Ayudarse de manera recíproca, variada, incesante y sin vacilaciones.

5. Respeto. Respetar, por encima de todo, el *nivel y el ritmo evolutivo del otro*, o de la otra: la mayor prueba práctica de afectividad honesta y sincera para cualquiera, en cualquier circunstancia.

6. Cosmoética. Ser persona, o concín, de *vivencia cosmoéticamente emancipada*, abierta, neofílica.

7. Interdependencia. Convivir, entre sí, con *interdependencia continua* y consciente, sin excepciones.

8. Seguridad. Eliminar al máximo, la *inseguridad* relacionada con celos mórbidos, inclusive los *celos retroactivos*.

9. Omnicuestionamiento. Vivir bajo la condición de *omnicuestionamiento* constante, a fin de no mantener dudas básicas y mortificadoras en su microuniverso conciencial.

10. Concienciología. Esforzarse, en conjunto, en la vivencia de las metas fundamentales de la *Concienciología*, comenzando por el entendimiento práctico de la cosmoética.

11. Parapsiquismo. Potencializar siempre, de modo conjunto, el *parapsiquismo*, incluyendo ahí las energías concienciales (ECs); los fenómenos intraconcienciales; y la PL, o *proyectabilidad lúcida*, de ambos.

QUIEN VIVENCIA RUTINARIAMENTE LA PROYECTABILIDAD LÚCIDA SE DESPIERTA SIEMPRE DE BUEN HUMOR.

12. Tares. Ejecutar la *tarea de esclarecimiento*, además de la inevitable tarea de consolación, primaria, a partir de la ejemplificación mutua en las manifestaciones de la pareja evolutiva.

13. Investigaciones. Insistir siempre en las *investigaciones concienciales*, conjuntas, posibles, en todas las áreas.

14. PCCs. Vivenciar la multidimensionalidad a través de las *proyecciones concienciales lúcidas conjuntas* (PCCs).

15. Proximidad. Procurar la proximidad de una *convivencia estrecha* entre ambos.

16. Sexualidad. Aplicar a su *vida sexual*, poniendo más foco en el otro o la otra, dentro de un holopensene de satisfacción mutua.

17. Afectividad. Dedicarse predominantemente a su vida afectiva, en favor del otro o de la otra.

18. ECs. En las liberaciones de energías asistenciales, invertir predominantemente su EC, o energía conciencial, a favor del *partner* o socio de la pareja evolutiva.

19. Entrevista. Buscar, dentro de una atmósfera de ayuda mutua, una *entrevista extrafísica preliminar* con un Supersereno o Superserena (*Homo sapiens serenissimus*).

20. Polikarmalidad. Entender y practicar en conjunto, la *polikarmalidad*, la cosmoética, la madurez conciencial y los primeros pasos para la condición vivenciada del serenismo, pasando por la desperticidad y la evuluciología. Anonimato en la Socín no significa soledad en la Sociex.

LA PAREJA EVOLUTIVA IDEAL SE DA CUANDO UN COMPAÑERO O COMPAÑERA SE SIENTE PARTE DEL OTRO O DE LA OTRA.

Nido. El mejor *nido de amor* para los compañeros de la pareja evolutiva es una alcoba energéticamente blindada, donde duermen, descoinciden sus vehículos de manifestación y tienen sus sesiones afectivo-sexuales.

Base. La pareja que compone una pareja evolutiva, cuando es sana, crea poco a poco un *holopensene proyecciogénico* en la base física de ambos (alcoba energéticamente blindada o *proyectarium*), propicia a las proyecciones conscientes conjuntas (V. *Pareja Evolutiva y Proyecciología*).

Realidades. El compañero (o compañera) de la pareja evolutiva, dentro de la vida humana y de la Socín, se ha de concientizar, con tranquilidad, de 3 realidades:

1.   **Pre-pareja.** No dispone de las *independencias máximas* propias de la pre-pareja.

2.   **Pareja incompleta.** No dispone de las *interdependencias generales* de la pareja incompleta.

3.   **Pareja íntima.** Dispone de las *dependencias máximas* de la pareja íntima.

Reencuentros. Las personas, hombres y mujeres, tienen encuentros de afinidades o *reencuentros de destinos*, interconcienciales, intrafísicos o incluso proyectivos extrafísicos.

Bases. Tales encuentros o reencuentros presentan bases socioculturales diversas, por disidencias multiformes y hasta por accidentes de recorrido parapsíquicos.

Compañero. Es importante que cada uno sea consciente del objetivo del compañero (o compañera) que compone su pareja evolutiva, que no es un mero pre-sereno (o pre-serena) vulgar, sino que es la compañía más directa, intrafísicamente, que la concín tiene, *la joya de la casa*, de la que dispone directamente.

Hechos. En este sentido, vale ponderar 4 hechos singulares:

1.   **Actualidad.** La actual existencia impar, evolutiva y extremadamente crítica que vivimos hoy, en la Tierra.

2.   **Demografía.** La explosión demográfica aún en proceso.

3.   **Permisividad.** La liberalidad afectiva y la permisividad de las costumbres sexuales de la Socín.

4.   **Historia.** Las consecuencias de la *aceleración de la Historia Humana*.

EN LA VIDA INTRAFÍSICA, LA PAREJA EVOLUTIVA AUTÉNTICA SIEMPRE NACE DE UN REENCUENTRO DE DESTINOS.

Cohabitación. Para una pareja evolutiva alcanzar patrones de rendimientos evolutivos más elevados, se exige que sus compañeros vivan juntos bajo un mismo techo, en cohabitación.

Separación. El hecho de que las parejas modernas vivan separadas, cada cual en su apartamento, a veces hasta en la misma calle, no expresa ningún principio ni filosofía evolutiva de los conceptos de la pareja evolutiva.

Baños. Cuando los compañeros consiguen tener 2 baños es una buena solución, tipo norteamericana, californiana, para ambos. Sin embargo, cuartos separados, casas o departamentos separados, no vale la pena para ninguno.

Tolerancia. De acuerdo también con varios especialistas en Derecho de Familia, el casamiento es un ejercicio permanente de tolerancia y en este caso, si las casas están separadas es porque la unión ya no funciona.

Porosidad. Quienes se aman, realmente, quieren estar siempre juntos, piel a piel, poro a poro, chakra a chakra. Los hechos son hechos. Las energías concienciales mantienen la empatía de la pareja íntima.

Defensas. No existe otra alternativa lógica para las defensas energéticas y parapsíquicas del par que constituye la pareja evolutiva, que no sea estar viviendo juntos.

Socín. La Socín es todavía patológica. La evolución en conjunto implica una convivencia estrecha.

Bodas. Una pareja evolutiva puede completar 25 años de unión, las *bodas de plata* convencionales e incluso medio siglo, las llamadas *bodas de oro* y hasta más que eso. ¿Por qué no? (V. *Pareja Evolutiva y Experimentología*).

Autismo. La vida humana en aislamiento (eremitismo) evidencia un alto nivel de egocentrismo infantil y hasta un verdadero estado de autismo (enfermedad). De ahí el por qué la pareja evolutiva representa una condición existencial inteligente y sana.

EL AMOR SINCERO Y DURADERO DE UNA PAREJA, HECHO NO COMÚN, AÚN NO ES BIEN COMPRENDIDO EN LA SOCÍN.

Sueño. En la intrafisicología es importante aún considerar la teática proyectiva del acto de dormir, en relación con la convivencia de los compañeros de la pareja evolutiva, conforme a estos 15 temas:

1. Caminar. Usted, experimentador o experimentadora, si fuera una concín sana, se sienta, camina y corre solo o sola, si quiere, durante toda su vida intrafísica.

2. Adultez. Sin embargo, usted, ya en la adultez, si es una persona sana y normal, no duerme solo o sola. Este hecho es extremadamente relevante en la formación y desarrollo de una pareja evolutiva.

3. Hombre. El hombre adulto sano tiene que acostumbrarse a dormir con una mujer (compañera).

4. Mujer. La mujer adulta sana tiene que acostumbrarse a dormir con un hombre (compañero).

5. Biología. Tales hechos, evidentemente, obedecen a los preceptos naturales de la propia Biología Humana e involucran a todas las concines sanas (fisiológicamente).

6. Cama. No existen sillas propias para parejas ni paseos públicos específicos para parejas; pero existe y se usa ampliamente en todo el mundo, la cama matrimonial.

7. Núcleo. La cama es, por lo tanto, obviamente, un mueble inevitable en una casa, siendo también el núcleo físico de la base intrafísica del proyector o de la proyectora consciente; la esencia de su *proyectarium*.

8. Dormir. Las personas al dormir, pueden presentarse más tranquilas o inquietas.

9. Integración. La integración natural de la pareja íntima exige afecto y hasta afinidad química, además del tiempo de adaptación experimental en la convivencia de a dos.

10. Hábitos. Al dormir con un compañero o compañera, la concín tiene que acostumbrarse a las características específicas de esa persona, por lo menos estas 6, además de una serie de hábitos:

A. Las energías concienciales siempre diferentes.

B. La temperatura física o somática (por ejemplo, de las manos).

C. Los olores personalísimos.

D. Los sonidos (por ejemplo, el timbre de la voz).

E. Los gestos personales suaves o abruptos.

F. Las consistencias somáticas (por ejemplo, el nivel de turgencia, piel).

11. Movimientos. Saber dormir con alguien es muy importante si se considera que una persona al dormir, realiza en promedio, 70 movimientos casi imperceptibles, pequeños o amplios, cada noche.

12. Blindaje. La pareja en la cama mantiene un campo de energías concienciales que permite, o no, el *blindaje energético* de su alcoba, *asistido* por amparadores o *asediado* por las conciexes energéticamente carentes (energívoras).

13. Repercusión. Un compañero, en ese caso, puede ayudar o impedir al otro proyectarse con lucidez. Un toque inconsciente en el soma de la concín proyectada puede traerla de vuelta al lecho. De ahí nace el fenómeno de la *repercusión de las parejas.*

14. Interacción. Todas esas consideraciones evidencian que la concín proyectora consciente que tiene compañía en el lecho, no puede menospreciar los numerosos actos de interacción intrafísica con el compañero o compañera que interfieren, a favor o en contra, en su producción sana de proyecciones conscientes.

15. Separación. A pesar de todo, las camas gemelas, las camas separadas o los cuartos separados solo deben ser usados como último recurso, de acuerdo con las técnicas de la proyecciología, en función de las interferencias del psicosoma y del holochakra en la proyectabilidad lúcida.

Cuartos. El empleo *permanente* de cuartos separados para los compañeros no es recomendable para la vivencia sana y armónica de una dupla evolutiva.

LA CONSOLIDACIÓN DE LA PAREJA EVOLUTIVA, ANTE TODO, ES UN TRABAJO DE A DOS, CASERO, HOMEMADE, HECHO EN CASA.

19. PAREJA EVOLUTIVA E INVEXOLOGÍA

Invexología. La invexología es la especialidad de la Concienciología que estudia la filosofía, la técnica y la práctica de la invexis, o inversión existencial, en la intrafisicalidad.

Intereses. Las cuestiones de la pareja evolutiva, al igual que las de grupomimesis, de pre-pareja y de la Socín concienciológica, son temas derivados de la parasociología de interés permanente para el inversor y la inversora existencial, en la actualidad humana.

LA INVEXIS DE A DOS O DE LA PAREJA EVOLUTIVA EN LA TIERRA ES UN TEMA COMÚN DE LOS CURSOS INTERMISIVOS AVANZADOS.

Invexis. Hay 8 características o posturas esenciales para la vivencia técnica de la invexis por parte de una *pareja evolutiva inversora*:

1. Mandato. La invexis, o inversión existencial, es un compromiso cosmoético de la concín consigo misma, o un mandato conciencial deliberado, autoconsciente, sin coacciones ni presiones externas, intrafísicas o extrafísicas.

2. Marcha. La invexis se define por la aceleración de la marcha evolutiva personal, en el contraflujo de las actividades dentro del grupokarma, en la Socín o Sociedad Intrafísica.

3. Mutualidad. La marcha evolutiva de 2 conciencias afines puede ser incrementada en cuanto a los esfuerzos de ambas, a través de la dinamización de la ayuda mutua, amplia, multifacética y continua.

4. Afectividad. La ayuda mutua agilizada, en el *universo dual* de la pareja evolutiva inversora en la vida humana, ha de ser en primer lugar y sobre todo, de naturaleza afectivo-sexual.

5. Pareja. El inversor-compañero (o inversora-compañera) no puede existir para desorganizar afectivamente sus conquistas existenciales inversoras ni las de su compañera (compañero), sino para organizarlas y enriquecerlas aún más, componiendo ambos una pareja evolutiva de *conciencias hermanas*, maduras, lúcidas.

6. Gestación. La pareja evolutiva vivirá empeñada prioritariamente, en la *gestación consciencial* o en la consecución de obras duraderas (asistencias, investigaciones, docencias, libros) para el esfuerzo evolutivo general.

EN RIGOR, QUIEN TIENE MAYOR CONCIENCIALIDAD, NO EMPLEA MÁS UNA VIDA HUMANA TAN SOLO PARA LA REPRODUCCIÓN DE SOMAS.

Hechos. Hay 3 hechos que corroboran esta afirmación:

A. **Existencia.** Las características específicas e inevitablemente difíciles de la existencia holochakral.

B. **Materialización.** La materialización por algunas décadas de la energía consciencial humana, cardiochakral y sexochakral.

C. **Procreación.** La *tentación* o el riesgo de la procreación, en su caso, neutralizadora, solapadora y desviante de los esfuerzos en la invexis.

7. Casamiento. Si no va a haber procreación humana, según las premisas de la invexis, el casamiento convencional se vuelve dispensable entre los inversores jóvenes, participantes del grupo de inversores existenciales (grinvex).

8. Palabra. El inversor existencial vive con la palabra dada, cosmoéticamente, a 3 conciencias distintas:

1. **Autocrítica.** El puntero de la propia conciencia (ego).

2. **Inversor-compañero.** Su inversor-compañero (o inversora-compañera) de la pareja evolutiva, o de su proexis, dentro del grinvex, o de su grupo de inversores existenciales.

3. **Amparador.** El amparador que lo ayuda más intensamente.

Ideales. Para la invexología, la vida de a dos, la primener de a dos y el placer compartido de la pareja evolutiva, no egoísta, constituyen comportamientos ideales.

Fusionismo. En la pareja evolutiva dedicada a la vivencia de la invexis, es inevitable la ocurrencia del fusionismo o la interfusión conciencial energética, en alto nivel, de los 2 compañeros.

Inseparabilidad. Las condiciones de inseparabilidad y la intimidad conciencial manifiesta dentro de una cohabitación armónica, sucede naturalmente en la pareja evolutiva.

LA JERARQUIZACIÓN DE LOS SERES SOCIALES ES INEVITABLE EN FUNCIÓN DE SUS DIFERENCIACIONES INNATAS (PARAGENÉTICA).

Compañía. Uno de los mayores problemas en la vivencia de la invexis es justamente el hecho de que alguien no tenga compañía intrafísica o no disponga aún de un compañero (o compañera) para formar una pareja evolutiva.

Categorías. Dentro de la grupalidad evolucionada, podemos considerar y clasificar las parejas evolutivas en 3 categorías básicas:

1.   **Invexis.** La *invexis de a dos* de la pareja evolutiva regular, constituida por 2 inversores existenciales.

2.   **Recexis.** La *recexis de a dos* de la pareja evolutiva regular, constituida por 2 reciclantes existenciales (V. *Pareja Evolutiva y Recexología*).

3.   **Mixta.** La *pareja evolutiva mixta* constituida por inversor(a) existencial y reciclante existencial, o viceversa.

Posibilidades. Cuando está constituida por 2 inversores existenciales, la pareja evolutiva presenta menos malos hábitos o menos vicios en su formación para el crecimiento conciencial, en la marcha progresiva conjunta, presentando mayores posibilidades de supervivencia productiva y victoriosa.

Predominio. La formación mixta de una pareja evolutiva constituida por un inversor con una reciclante, o viceversa, es obvio, y en teoría, solo tiende a alcanzar la *trascendentalidad ascendente* mayor cuando predomina conciencialmente el *compañero-inversor* (o compañera-inversora) sobre la compañera-reciclante (o compañero-reciclante).

CADA UNO DE NOSOTROS, EN LA VIDA HUMANA, NO SIEMPRE HACE LO QUE QUIERE, SINO LO QUE PUEDE.

Jóvenes. Precisamos estudiar profundamente la formación de la pareja evolutiva. Esta providencia se refiere a todas las personas, y más específicamente a los jóvenes inversores existenciales.

Complexis. Las concines invierten en su unión afectivo-sexual, por lo menos en 5 aspectos máximos, esperando con mucha lógica, obtener el completismo existencial (complexis):

1.   **Trafores.** Lo que ellas tienen de mejor.

2.   **Rentabilidad.** El período evolutivo más rentable de sus vidas intrafísicas.

3.   **Salud.** Sus condiciones de salud.

4.   **Motivaciones.** Sus motivaciones más valiosas.

5.   **Proexis.** El proyecto de vida de sus proexis.

Plazo. La condición de pareja evolutiva es un emprendimiento a largo plazo y así debe ser encarado.

Muchachos. Hoy, las mujeres - que maduran más temprano - de la nueva generación, opinan que los muchachos de su faja etárea presentan personalidades aún frágiles e inmaduras y, por eso, buscan hombres de más edad física para ser compañeros de pareja evolutiva. Cuanto mayor la diferencia de edad física de los compañeros, mayor el cuestionamiento de las personas alrededor (circunstantes).

Indecisión. Eso ocurre porque la juventud *consentida,* polivalente o versátil, bien informada y, sin embargo, excesivamente explotada por los medios, vive indecisa respecto al rumbo a tomar, de su proexis, sin saber muy bien lo que quiere, en qué facultad cursará o la carrera profesional a seguir.

Atracción. El hombre siempre evitó el casamiento, pero cuando es competente, siempre conquista a la mujer que ama. Por otro lado, no existe mujer fea. Está aquella mujer descuidada o desaliñada, *mal producida.*

AQUELLA CONCÍN QUE FLEXIBILIZA LAS ENERGÍAS DE SU HOLOCHAKRA ES MUCHO MÁS ATRAYENTE, SEA HOMBRE O MUJER.

20. *PAREJA EVOLUTIVA Y MACROSOMÁTICA*

Macrosomática. La macrosomática es la especialidad de la Concienciología que estudia el macrosoma, el soma *fuera de serie* o *supermaceteado*, adecuado para la ejecución de una proexis específica.

Macrosomas. Una buena investigación, curiosa y bastante esclarecedora para los compañeros de la pareja evolutiva, es identificar si uno de ellos o tal vez los 2 son portadores de macrosomas.

Identificación. La identificación de la existencia de un macrosoma se hace por el estudio profundo de la genética, paragenética, fisiología, anatomía y predisposiciones personales relativas al cuerpo humano de la concín interesada.

Responsabilidad. Si se constata la existencia de un macrosoma, es bueno saber convivir con esa realidad trascendente en la vida intrafísica, generadora del aumento de la responsabilidad grupokármica o polikármica.

NINGUNA CONCÍN RECIBE UN MACROSOMA GRATUITAMENTE, SIN PROFUNDAS CONSECUENCIAS HOLOKÁRMICAS.

Maximecanismo. Una pareja evolutiva en la cual 1 de los compañeros es portador de macrosoma, indica la posibilidad de que esa concín o de ambas participen activamente en la condición de *minipiezas* en la estructura de un *maximecanismo* de asistencia interconciencial.

Maxipieza. Cuando una concín en la vida intrafísica se transforma enfermizamente en *maxipieza* de un *minimecanismo asistencial*, su condición de compañero y su propia pareja evolutiva se desmoronan.

Disidencia. La constatación de la existencia de maxipiezas (*egones, ombligones*) individuales en minimecanismos asistenciales es fácil de ser analizada entre los minidisidentes ideológicos de las verdades relativas de punta.

Egoísmo. Tanto el egocentrismo (infantil) como el egoísmo (adulto), no consiguen sustentar una pareja evolutiva ni mucho menos una estructura asistencial libertaria de las conciencias en alto nivel.

21. PAREJA EVOLUTIVA Y MENTALSOMÁTICA

Mentalsomática. La mentalsomática es la especialidad de la Concienciología que estudia el mentalsoma, el paracuerpo del discernimiento y sus consecuencias evolutivas para la conciencia.

LA PAREJA EVOLUTIVA ES UNA RELACIÓN INTERPERSONAL CON EL PREDOMINIO HOLOSOMÁTICO ABSOLUTO DEL MENTALSOMA.

Discernimiento. La racionalidad, la madurez y el discernimiento (mentalsoma) deben ser prioritarios ante la emotividad (psicosoma) de los compañeros de la pareja evolutiva.

Test. A través del mentalsoma, podemos basar los principios de la pareja evolutiva capaces de alcanzar pleno éxito en la vida humana, estableciendo las características inteligentes y cosmoéticas de la *vivencia humana, evolutiva, de a dos*, a través de un test.

Características. He aquí un test con 30 características por las cuales podemos saber lo que una pareja evolutiva *satisfactoria es*, y al mismo tiempo, lo que la pareja evolutiva *no es*:

La Pareja Evolutiva ES:	La Pareja Evolutiva NO ES:
1. Almorzar y cenar sabiendo con quién.	Ajuste entre 2 concines extrañas
2. Apoyo mutuo en las obras concienciales	Anulación efímera de 2 concines
3. Compartir intimidad auténtica	Atención de la necesidad de tener hijos
4. Comprensión mutua profunda	Camisa de fuerza de a dos en la Socín
5. Compromiso impar de destino	Casamiento cerrado tradicional
6. Crecimiento evolutivo de a dos	Correa apretada en el cuello
7. Complicidad grupokármica lúcida	Desconexión de la comunicación
8. Hacer el amor puro con involucramiento	Destrucción de la individualidad
9. Interdependencia consciente sana	Distanciamiento emocional
10. Intimidad para realizaciones dignas	Divorcio emocional por el psicosoma

11. Método perenne de ensayo y error	Propuesta de cada uno en la suya
12. Habitar en el holosoma del otro(a)	Quedarse sin conversar entre si
13. Compañerismo evolutivo de alto nivel	Independencia total permanente
14. Poner lo nuestro por encima de lo mío o lo tuyo	Machismo ni marianismo (Amelia)
15. Preservación de las individualidades	Masoquismo conyugal primario
16. Primeros auxilios mutuo y accesible	Relación dependiente-salvador(a)
17. Realimentación mutua permanente	Relación de símbolo con símbolo
18.Recurso perenne de autodescubrimiento	Recurso para coleccionar orgasmos
19. Respeto evolutivo mutuo constante	Relación parásito-anfitrión(a)
20. Reunión de mitades lúcidas	Reunión psicótica de víctima y verdugo
21. Ser amigos íntimos todo el tiempo	Solo el lado soleado de las concines
22. Sintonía de intereses y objetivos	Premio mayor de lotería para un ser social
23. Sumatoria de esfuerzos concienciales	Una caja apretada para dos
24. Un megavínculo afectivo-sexual	Un pozo de resentimientos de a dos en casa
25. Una buena dosis de sentido del humor	Una especie artificial de *pareja de cine*
26. Una simbiosis conciencial sana	Una especie de lotería de la vida
27. Un intercambio conciencial permanente	Una prisión insoportable para dos
28. Una validación personal y mutua	Un par de esposas sin llaves
29. Un reencuentro providencial	Unión lírica de almas gemelas
30. Vivir juntos lo mejor posible	Vivencia de la intocabilidad física

Predominio. Entre las características de la pareja evolutiva que usted compone, ¿predominan las de la primera columna o las de la segunda columna del test?

DE POCO SIRVE A UNA CONCÍN TENER BIOENERGÍA DE ALTA INTENSIDAD EN UNA CONDUCTA DE BAJA CALIDAD.

Tares. Solamente la *tares de a dos* permite las *gestaciones concienciales de a dos,* a partir del cuerpo del discernimiento - el mentalsoma -, que consigue priorizar con inteligencia los emprendimientos evolutivos de las concines.

Media fuerza. Cuando el desfase o el nivel entre los 2 compañeros es muy extenso o profundo respecto al *background cultural*, otras condiciones fundamentales de la vida intrafísica, o en relación a los temperamentos, la pareja evolutiva solamente alcanza la condición de *media fuerza* en sus realizaciones, sin conseguir llegar a la plenitud ideal o esperada.

Realidades. Existen integraciones empáticas en la pareja evolutiva. No existen milagros. No somos realidades simplistas. Todo éxito evolutivo ha de ser construido.

Holoteca. La holoteca pública, por ejemplo, las bibliotecas del IIPC o del CEAEC, son ejemplo de *puntos de encuentro* de los futuros compañeros de parejas evolutivas, a partir de la premisa de la unión mentalsomática de personas o concines, necesarias para la formación de los ejecutores de las *proexis de a dos* o de las gestaciones concienciales.

LAS GESTACIONES CONCIENCIALES DE LA PAREJA EVOLUTIVA SON CONDUCTA- EXCEPCIÓN SANAS, DE A DOS, A PARTIR DE LA VIDA HUMANA.

22. *PAREJA EVOLUTIVA Y MNEMOSOMÁTICA*

Mnemosomática. La mnemosomática es la especialidad de la Concienciología que estudia el soma específicamente en relación con las memorias intrasomáticas a partir de la memoria cerebral o biomemoria básica del hombre y la mujer.

LA PAREJA EVOLUTIVA DE ALTO NIVEL DE ARMONÍA, PERMITE LA VIVENCIA MUTUA DE LAS RETROCOGNICIONES DE A DOS.

Edades. Como vamos a observar al abordar la pareja evolutiva en relación con la somática (V. Capítulo 40), la diferencia de las edades físicas de los compañeros se vuelve irrelevante a partir del hecho de que los procesos cognitivos de las concines no se restringen solamente a la presente existencia intrafísica ni a sus genéticas, sino a la de sus paragenéticas, *holomemorias* y niveles de madurez personal.

23. PAREJA EVOLUTIVA Y PARAFISIOLOGÍA

Parafisiología. La parafisiología es la especialidad de la Concienciología que estudia las funciones de los vehículos de manifestación de la conciencia u holosoma (holochakra, psicosoma, mentalsoma), cuando se encuentra fuera del cuerpo humano (soma).

Amor. Existe amor conciencial puro en la pareja evolutiva, cuando hay verdad mutua, honestidad suficiente de entrega total, sinceridad y despojamiento.

EL AMOR CONCIENCIAL PURO ES, POR SÍ MISMO, EVOLUTIVO Y AL MISMO TIEMPO POTENCIALIZA LA EVOLUCIÓN DE LAS CONCIENCIAS.

Objetivo. El amor conciencial puro se mantiene, echa raíces y evoluciona basado en la realización conjunta de un objetivo evolutivo más libertario para las conciencias. Esta es la fisiología y la parafisiología de la propia evolución conciencial.

Diagnóstico. Es posible diagnosticar el estado del amor conciencial puro - fisiológico y parafisiológico - de la pareja evolutiva, a través de 15 señales irrefutables, a medio y largo plazo.

1. Admiración. ¿Usted está fascinado por la visión de la persona, embelesado al máximo en su admiración?

2. Bienestar. ¿Se inclina hacia la persona con un sentimiento inefable de bienestar?

3. ECs. ¿Tiene el deseo de estar solo, en silencio y sin reclamos, en su ambiente personal hasta el siguiente día, cuando sabe que la otra persona volverá allí, debido a las energías concienciales que la alimentan, ahí existentes, percibidas y aprovechadas por usted?

4. Euforia. ¿Usted *devora* su ser-objetivo con los ojos llenos de las mejores lágrimas de alegría, en el auge de la euforia posible en toda su existencia intrafísica?

5. Expectativas. ¿Sus expectativas positivas están exacerbadas para mejor?

6. Impetuosidades. ¿Usted pasa por ímpetus, difíciles de ser contenidos, que involucra el físico y la ternura continua, con la presencia y la proximidad de esa persona?

7. *Megaparaíso.* ¿Usted vive en el último cielo, con el *megaparaíso* en la Tierra y, si pudiese, haría que las piedras *llorasen de emoción*?

8. Plenitud. ¿Usted mantiene su espíritu desahogado, en un supremo estado de excitación, plenitud y bienaventuranza, en un nivel con el cual jamás soñara antes?

9. Presencia. ¿Usted se siente como si el aire, la atmósfera y la propia luz del ambiente cambiaran para mejor con la simple presencia de esa persona?

10. Primener. ¿Usted ve *todo color de rosa*, viviendo en un mundo encantado, mágico, de primener, deseando gritar de alegría a todos los seres vivos y contagiarlos?

11. Sensibilidad. ¿Usted despertó su propia sensibilidad que estaba adormecida - y no sabía - siendo tocado en los puntos neurálgicos de su personalidad afectiva?

12. Sentimiento. ¿Usted se siente bien con ese alguien, con todos los enternecimientos del mundo?

13. Sincronicidades. ¿Usted percibe sincronicidades respecto a la *persona*, e incluso a su nombre, que se intensifican de manera envolvente por todas partes a su alrededor?

14. Ternura. ¿Usted se conmueve con ternura irrefrenable, hasta el fondo de sí, abrumado por las emociones más felices y más sanas que no recuerda haber experimentado antes?

15. Valorización. ¿Ocurre para usted una valorización irreprimible, inédita e inesperada, de los objetos y seres del ambiente donde la persona estuvo hasta hace pocos instantes?

Madurez. El compañero o compañera de una pareja evolutiva que siente proximidad a estas realidades descriptas aquí, en pocas palabras, tiene su afectividad fisiológica y parafisiológicamente en su más alto nivel de realización. Vale la pena, a esta altura, valorizar la unión y buscar, al máximo, madurarla en ambos compañeros, si fuera posible.

Tares. Sin embargo, en esta época de cambios vertiginosos, el acto de ser feliz o de mantener el bienestar personal no significan tener placer constante, haciendo de nosotros mismos esclavos del hedonismo. La tares, tarea de esclarecimiento, nos convoca al trabajo de la proexis.

24. PAREJA EVOLUTIVA Y PARAGENÉTICA

Paragenética. La paragenética es la especialidad de la Concienciología que estudia la genética compuesta e integral, que abarca todas las herencias holosomáticas de la conciencia, a través del psicosoma y del mentalsoma (holosomática), de las vidas anteriores hasta su actual embrión humano en la condición de concín.

Elección. La elección más inteligente de un compañero o compañera para componer nuestra pareja evolutiva es buscar las raíces de nuestro *holosoma* en nuestra *paragenética* (retrosomas) y no buscar tan solo las raíces de nuestro *soma* en nuestra *genética* actual.

Autorelevos. Solamente la paragenética faculta a una concín a la vivencia de los autorelevos y, en el caso de la pareja evolutiva, a los *autorelevos de a dos.*

Pasiones. La retrocognición genera la pasión *a la primera audición* de cierta música (idea innata, paragenética), y también la pasión *a primera vista,* cuando alguien se encuentra con una concín, aún socialmente desconocida.

EL VERDADERO AMOR PURO ES FRUTO DE UNA PARAGENÉTICA ANTIGUA, CONSOLIDADA A TRAVÉS DE CENTENAS DE GENÉTICAS.

25. PAREJA EVOLUTIVA Y PARAHISTORIA

Parahistoria. La parahistoria es la especialidad de la Concienciología que estudia la historia de la conciencia y del Cosmos, más allá de la autobiografía de la concín de esta vida y de la Historia Humana, de modo multidimensional, a través de la extrafisicología, de las retrocogniciones y de la proyectabilidad conciencial lúcida.

Procedencia. A la pareja evolutiva le importa considerar su procedencia extrafísica referida al reciente período intermisivo, o sea: la del compañero y la de la compañera.

Cursos. Aún dentro de la parahistoria, es relevante enfatizar el nivel del curso intermisivo de cada compañero de la pareja evolutiva.

Rasgos. Lo más importante en relación a la convivencia de la pareja evolutiva en el tiempo, es la identificación recíproca del megatrafor y del megatrafar de cada compañero, a fin de comprenderse y respetarse mejor.

Nivel. El trafor y el trafar apuntan el nivel evolutivo de la concín.

EL VERDADERO AMOR ENTRE 2 CONCINES ES EL RESPETO SINCERO DEL NIVEL EVOLUTIVO DEL COMPAÑERO O DE LA COMPAÑERA.

Equidistancia. La condición transcendente de la pareja evolutiva, con bases cosmoéticas y multidimensionales, hace que los compañeros busquen la equidistancia, cuando pueden, de variables aún en boga, a modo de estas 6 que están entrando en la parahistoria:

Familia. De la familia tradicional cuando expresa el *mundillo* provinciano de la tipología familiar.

Superpadres. De los superpadres protectores, una sociopatía de la familia parental.

Prole. De la prole o de las gestaciones humanas adscritas al subcerebro abdominal.

Religión. De la promulgación de las leyes religiosas, aquellos anacronismos explícitos, por ejemplo, el casamiento por la iglesia y la familia cristiana facciosa y fanática.

Flirteo. Del *flirteo*, creación de la modernidad, pero aún fruto de la adolescencia y del sótano conciencial.

Amantes. De los amantes históricos, literarios o tan solo intrafísicos o troposféricos, por ejemplo, estos 8 pares célebres:

1. Abelardo y Eloísa.
2. Dafnis y Cloe.
3. Robert y Elizabeth (Browning).
4. Pablo y Virginia.
5. Peleas y Melisande.
6. Peri y Ceci.
7. Romeo y Julieta.
8. Tristán y Isolda.

26. PAREJA EVOLUTIVA Y PARAPATOLOGÍA

Parapatología. La parapatología es la especialidad de la Concienciología que estudia la patología de los vehículos de manifestación de la conciencia o del holosoma (holochakra, psicosoma, mentalsoma) excluido el cuerpo humano (soma).

Interasedios. Debido al pasado milenar de las conciencias, hay parejas que se conocieron asediándose el uno al otro, mutuamente y, más tarde, hechos costosos desasedios recíprocos, acabaron constituyendo sus parejas evolutivas exitosas.

Voluntad. En este caso, todo depende del poder de la voluntad y de la cualificación de la intencionalidad de cada compañero.

Período. Los asedios, desasedios y la constitución de una pareja evolutiva pueden ocurrir, consecutivamente, en apenas 1 vida intrafísica.

LA MAYORÍA DE LOS CASOS DE LOCURA SE DEBE A LOS DESENCUENTROS RESOMÁTICOS DE LAS RESTRICCIONES INTRAFÍSICAS DE LAS CONCIEXES.

Vampirismo. El compañero más fuerte en relación a la flexibilidad de las energías concienciales puede parasitar o vampirizar al compañero más débil de la pareja evolutiva, a través de assims constantes, dentro de las parapatologías del holochakra y del psicosoma.

Suicidio. La unión con una persona *demente* irremediablemente irrecuperable, incluso con un *enfermo mental* irrecuperable, pero tan solo víctima de brotes, exime o atenúa la responsabilidad del compañero(a) de la pareja evolutiva de ciertos fracasos, por ejemplo, el estancamiento evolutivo temporario o el suicidio de su compañero(a).

Normalidad. Como se admite hoy, los límites entre la *normalidad* y la locura de una persona son extremadamente tenues, fluidos y sutiles.

Paciente. Una concín que no es un(a) loco(a) definitiva o permanentemente irreversible, por ejemplo un(a) portador(a) de un cuadro cronificado de esquizofrenia, PMD (psicosis maníaco-depresiva) de fondo orgánico, sea en una condición atípica, o *esquizopatía afectiva,* acompañada de alucinaciones visuales y auditivas (delirios), precedida de gran inquietud (*superansiedad*), agitación motora e insomnio, es un enfermo (*Homo patiens*, hombre en sufrimiento) que se siente obligado a pensar ininterrumpidamente, a gran velocidad, con amnesia después de las crisis.

Sujeción. Esta persona es víctima de una *sujeción química*, en muchos casos *sin asedios de conciexes,* especialmente en el inicio del proceso, o de un estigma imposible de librarse, teniendo vivenciado frecuentemente internaciones psiquiátricas forzadas, periódicas, con electrochoques, *amarres* y contenciones, por presentar el riesgo de golpear a otros y a sí mismo.

Comprensión. Esta concín dispone de un soma o *máquina averiada*, padeciendo un proceso, ante todo *mecánico,* en general, además de las fuerzas de ella misma, y así debe ser comprendida y asistida por el compañero(a) de la pareja evolutiva.

Incidencia. Tales manifestaciones de desequilibrio, o cuando la locura se establece como un brote en el que el psicópata es peligroso hasta para la Socín en general, pueden incidir por primera vez en diferentes períodos de la vida humana, sea durante o *tiempo después de la formación de la pareja evolutiva.*

Estigmas. En las parapatologías incidentes sobre la condición de la pareja evolutiva, los compañeros no pueden dejar de mantenerse autoconscientes sobre los estigmas grupokármicos antiguos y personales de cada compañero, y el vigor, con que todavía actúan en la vida actual capaz de sabotear la armonización de la existencia en común.

Neutralización. A menudo, la neutralización de esa interferencia espuria exige la lucha de "2 contra la familia entera", "2 contra la ciudad entera" o si se quiere "2 contra el Cosmos". Tal procedimiento evidencia el verdadero nivel de las personalidades bajo los *spots* sociales.

Disturbios. El 23 de agosto de 1996, en la inauguración del 10º Congreso de Psiquiatría en Madrid, España, el director general de la Organización Mundial de la Salud (OMS), Hiroshi Nakajima, afirmó que existen más de 1,5 mil millones de personas en todo el planeta que sufren algún disturbio psiquiátrico o de comportamiento. En aquella oportunidad fue divulgado que apenas el 50% de los enfermos reconocen que tienen disturbios. *Solo el 1% recibe tratamiento psiquiátrico.*

Estadísticas. Por las estadísticas presentadas, tenemos el siguiente cuadro esclarecedor para nuestra actualidad terrestre, dentro de nuestra Socín aún patológica, donde la Tierra es todavía mucho más un gran hospital que una escuela evolutiva:

400 millones de personas sufren de ansiedad.

350 millones de personas sufren alteraciones del estado de ánimo.

250 millones de personas sufren disturbios de personalidad.

60 millones de personas sufren de retraso mental.

45 millones de personas son portadores de esquizofrenia.

22 millones de personas sufren de demencia manifiesta.

Fuera del cuadro específico, 40 millones de personas sufren de epilepsia.

Demografía. Según los datos recientes de la demografía, hoy, en 2012, la población actual de este planeta llega a 7 mil millones de seres humanos, niños y adultos, respirando oxígeno por aquí.

Índice. A partir de todos los elementos expuestos, se impone una consideración: si 1,5 mil millones de personas presentan disturbios, se concluye racionalmente que 1 de cada 4 personas (1 ½ de 6) - 1 cuarto de la población mundial, o 1 persona cada 4 de nuestro círculo de relaciones sociales, incluyendo ahí a nuestra familia - presenta disturbio psíquiatrico o de comportamiento. Es importante considerar este hecho importantísimo en la formación de la pareja evolutiva, o en la elección de 1 compañero o compañera para la ejecución de la proexis.

UNA DE LAS MAYORES MEGALOCURAS ES LA CONCÍN QUE SE MATA POR UN AMOR NO CORRESPONDIDO.

Amor. El verdadero amor puro, romántico, real, vívido, de una concín por otra elimina cansancios, decepciones, dudas, egoísmos, debilidades, groserías, edad física, locuras, mentiras, orgullo y perplejidades.

Pérdidas. Quien no tuvo un nivel de amor igual a ese, ha de olvidar de una vez su experiencia, porque no perdió mucho: aún no era el amor puro de pareja evolutiva, eficaz, de convivencia armónica desarrollado poco a poco, por ejemplo, en 30 vidas anteriores, dependiente, por lo tanto, de la búsqueda serena y de la madurez afectivo-sexual.

Virus. Hay innumerables factores etiológicos o causas para esas patologías *mecánicas*, todavía no esclarecidas, inclusive hasta para el llamado *virus de la tristeza* (Borna).

Ley. La ciencia Concienciología, particularmente en su especialidad proyecciología, evidencia que una de las leyes fundamentales, inevitables, enraizadas de modo inextirpable en los cimientos de la evolución de las conciencias, es la *intrusión pensénica interconciencial*.

Semiconciencia. En general, esa intrusión es inmadura o enferma, ejercida por mentalsomas semiconscientes.

Asedio. El asedio entre las conciencias, al comenzar por el asedio interconciencial de la conciex sobre la concín - que representa también un asedio interdimensional - a partir de la dimensión extrafísica, es un hecho omnipresente: *la mayor enfermedad de la Humanidad.*

Intencionalidad. Sin embargo, será muy racional suponer que fue establecida así desde el inicio de la vida en este planeta, pensado intencionalmente por inteligencias superiores a nuestro nivel de discernimiento hoy.

Teoría. Por la *teoría de la forma de la energía*, el principio conciencial presenta 2 etapas bien características, establecidas por las Conciencias Libres (CLs), más evolucionadas, controladoras, desde que este planeta recibió la aparición de la vida intrafísica por aquí, como ya debía ocurrir en millones de otros planetas habitados esparcidos por el Cosmos:

1. El subhumano famélico (intrafisicalidad).

2. La conciex energívora (extrafisicalidad, intermisión).

Hambre. Ambos principios concienciales presentan en común el hambre de energía inmanente, un principio que sustenta todo en el Universo.

Carne. En el caso del subhumano es el hambre por *sobrevivir en el propio cuerpo de materia energizada*, un derivado de la energía inmanente (EI) en la dimensión intrafísica.

Holochakra. En el caso de la conciex es el hambre por *sobrevivir con lucidez en el propio psicosoma* lastrado solamente con los resquicios de las conexiones energéticas del holochakra, sin la segunda desoma completa.

Aptitud. En el subhumano, la supervivencia en la evolución de las especies recibió de Charles Darwin el nombre de *struggle for life*, la lucha por la vida, la supervivencia del más apto (fuerte), el *matar para sobrevivir*.

Leona. El hecho es resumido en la matanza de la leona aniquilando a las cebras para dar alimento a su cría famélica, a sí misma y a su compañero, el león.

Vampirismo. Los hechos sugieren que, por la teoría de la forma de la energía, mientras haya en el planeta una leona matando a una cebra, existirá una conciex energívora vampirizando otras más frágiles o vulnerables, inclusive entre aquellas concines que buscan componer una pareja evolutiva.

Convivencia. Así, en la formación de una pareja evolutiva tenemos que considerar el aspecto patológico de los seres sociales, concines, y parasociales, conciexes, con quienes convivimos de modo inevitable.

Equívoco. Los compañeros de una pareja evolutiva frecuentemente interpretan en forma equivocada el proceso de asedio de las *conciexes energívoras*, que buscan siempre la concín con energías más afines a las suyas, independientemente de su género sexual, hombre o mujer.

Acceso. Si en la pareja evolutiva, el hombre es el más fuerte en energías y, aún así, son sus energías las que satisfacen las carencias de 2 conciexes con visuales femeninas, o que hayan sido mujeres en sus recientes vidas humanas, ellas buscan hasta instintiva e inconscientemente, abordar a la mujer de la pareja, más débil de energías pero mucho más fácil para acceder indirectamente (*por ende*) a su compañero, la verdadera concín-objetivo de su pretendida expoliación o vampirismo.

Celos. Tal hecho, que revela mayor sutileza y sofisticación en los asedios interconcienciales, es malinterpretado muchas veces debido a los celos enfermizos de los compañeros; sin embargo, para las conciexes energívoras, las energías, en la mayoría de los casos, constituyen el factor relevante y no el género sexual de la víctima.

Inseguridad. Todas las personas tienen una *pizca de celos* y es una condición normal. El problema está en los celos enfermizos generados por la inseguridad personal.

Empatía. En la parapatología, la armonía o vida empática, amorosa y auténtica entre 2 compañeros de una pareja evolutiva exitosa, puede hasta generar la desavenencia entre los asediadores extrafísicos, carentes de energías, de cada una de esas concines- compañeras, a través de acusaciones recíprocas por la responsabilidad de sus *fracasos grupok*ármicos. Tal hecho extrafísico es un *cúmulo de empatía*.

EN CUALQUIER UNIÓN ENTRE CONCINES, CUANDO LLEGA EL ACTO DE VIOLENCIA MANIFIESTA, LA UNIÓN DEBE TERMINAR.

Violencia. Es siempre lo mejor para ambas concines la separación, en este caso significando una tragedia *menor*. Jamás se debe llegar a la *violencia diaria* capaz de llegar a una tragedia *mayor*. Ni el dinero consigue encubrir una convivencia con violencia. Nuestro grupo evolutivo está compuesto por millones de conciencias.

27. PAREJA EVOLUTIVA Y PARAPEDAGOGÍA

Parapedagogía. La parapedagogía es la especialidad de la Concienciología que estudia la educación y la enseñanza de la conciencia humana (concín) respecto a su holosomática, multidimensionalidad y los ciclos multiexistenciales ante la evolución.

Enseñanza. La pareja evolutiva puede aprovechar la parapedagogía relacionada con la evolución de las conciencias y ambos compañeros pueden dedicarse a la *enseñanza de a dos*, por ejemplo, en la docencia itinerante del Instituto Internacional de Proyecciología y Concienciología (IIPC, ECP1).

Mejora. Jamás debemos hacer que nuestro compañero o compañera parezca menos dotado o dotada, receptor solo de restos y sobras. Urge hacer que sea y aparezca siempre mejor, sin eclipsarlo.

Asociación. La conciencia con quien formamos nuestra pareja evolutiva, jamás debe ser un estorbo a nuestro lado.

Autoenfrentamiento. Cada compañero de la pareja evolutiva ha de estar convencido de que sin el autoenfrentamiento de las autocorrupciones es impracticable la evolución conjunta.

LA PAREJA EVOLUTIVA ES LA ASOCIACIÓN MÁS INTELIGENTE DE 2 AUTODISCERNIMIENTOS SUPERAVANZADOS.

Incómodo. Una verdad relativa de punta incomoda a mucha gente. Las verdades relativas de punta en serie incomodan mucho más.

28. PAREJA EVOLUTIVA
Y PARAPERCEPCIOLOGÍA

Parapercepciología. La parapercepciología es la especialidad de la Concienciología que estudia las parapercepciones de la conciencia, más allá de las percepciones adscritas al cuerpo humano (soma), sus fenómenos y sus consecuencias evolutivas.

Desarrollo. La vivencia de la pareja evolutiva permite la posibilidad de desarrollar el *parapsiquismo de a dos*, en todas sus modalidades de manifestaciones.

Amparador. En rigor, lo más apropiado sería afirmar "desarrollar el parapsiquismo de a tres", debido a la presencia en general, de por lo menos, un amparador relacionado con la pareja evolutiva, en el desarrollo de los grandes fenómenos parapsíquicos.

Binomio. El *binomio magnitud-discreción* es la relación funcional entre el contenido de un fenómeno y la calidad de la discreción de sus efectos, que no se hacen sentir con intensidad evidente o sensacionalista, o sea: desenvolviéndose subrepticiamente, sin alarde.

Cabeza. En holochakralogía, una de las mayores evidencias del binomio magnitud-discreción surge entre los compañeros de la pareja evolutiva cuando la *cabeza parapsíquica (supremacía energética)* del par, detecta fenómenos trascendentes entre ellos, por ejemplo, clarividencias faciales, transfiguraciones visuales, asimilaciones simpáticas y proyecciones concienciales lúcidas, sin que el otro compañero perciba con exactitud lo que pasa.

Facial. El ápice *de la transfiguración* visual para mejor, a través de la *clarividencia facial*, en el estado de vigilia física, es visto por la concín que ama, durante el acto sexual cara a cara, en el instante exacto del *aura orgásmica* del compañero o compañera de la pareja evolutiva.

Acoplamiento. Una concín que ama a otra, o un ser social apasionado, vive confortablemente en la condición de *acoplamiento energético*, inconsciente pero permanente, con el ser-objeto de su afectividad. Eso puede ocurrir sanamente con el compañero o compañera de la pareja evolutiva.

Assim. La asimilación simpática (assim) puede generar tanto las compensaciones holochakrales como los vampirismos energéticos, a favor o en contra del(a) amante, a partir de la concín energéticamente más fuerte. (V. *Pareja Evolutiva y Holochakralogía*).

Fenómenos. Por encima de la actuación energética del sexochakra y del cardiochakra, 6 fenómenos - acoplamiento áurico, clarividencia facial, transfiguración visual, asimilación simpática, compensación holochakral y vampirismo energético - pueden darse en general, de modo inconsciente y constante, independientemente de que los compañeros de la pareja evolutiva hayan tenido o mantengan relaciones sexuales constantes o regulares.

Telepatía. La telepatía puede ser espontánea entre las personas afines, a modo de los compañeros de la pareja evolutiva.

LA CLARIVIDENCIA VIAJERA PUEDE SER PRODUCIDA PARA ALIVIAR LA DISTANCIA FÍSICA, CUANDO EXISTA, ENTRE LOS 2 COMPAÑEROS.

Pangrafía. La pangrafía consciente puede surgir por el auxilio de los amparadores extrafísicos que desean componer o integrar al máximo a las 2 concines-compañeras de una pareja evolutiva.

Repercusión. El fenómeno de la repercusión de las parejas íntimas, dentro de las proyecciones concienciales lúcidas, es común en las personas afines que duermen juntas, a modo de los compañeros de la pareja evolutiva.

Clarividencia. Los clarividentes desarrollados, a menudo, distinguen el acoplamiento de las auras de los compañeros de una pareja evolutiva sin conocerlos, en función de la integración energética.

Aparición. Una pareja evolutiva unida de proyectores conscientes, puede aparecer extrafísicamente, y hasta hacer una aparición ante concines, con las auras de sus psicosomas acopladas.

Bi-bilocación. Tal vez uno de los fenómenos más raros dentro del universo de la proyecciología sea la bi-bilocación, doble bilocación, cuando 2 bilocadores se encuentran proyectados con lucidez, al mismo tiempo, en condiciones inequívocas de tangibilidad. Hasta hoy fueron registrados apenas algunos pocos casos de este tipo.

Chances. Una pareja evolutiva armonizada con compañeros-proyectores veteranos debe buscar producir este fenómeno de la bi-bilocación dado que tendrá más chances de éxito.

29. PAREJA EVOLUTIVA Y PARAPROFILAXIS

Paraprofilaxis. La paraprofilaxis es la especialidad de la Concienciología que estudia la profilaxis que trasciende los límites de la intrafisicología, a fin de prevenir a la conciencia contra desaciertos e inconveniencias en todas las dimensiones donde se manifiesta.

Señalética. Debido a la existencia holochakral que vivenciamos en la Tierra, el dominio del estado vibracional y la identificación y empleo de la señalética energética personal son, prácticamente, las primeras bases insustituibles para la manutención de la paraprofilaxis de una concín, incluso de la compañera o compañero de una pareja evolutiva.

LA PAREJA EVOLUTIVA SOLAMENTE SE MANTIENE SANA SOBRE 2 PUNTALES: LA AFECTIVIDAD MUTUA Y LA SEXUALIDAD MADURA.

Inmadureces. Sin embargo, un contexto en el que la paraprofilaxis auxilia vigorosamente en la manutención del equilibrio de la pareja evolutiva, es en lo que respecta a las inmadureces de las concines.

Expectativas. El compañero (o compañera) de la pareja evolutiva se equivoca en lo relativo a las condiciones interconcienciales del *emprendimiento cooperativo* del par que compone, si mantiene cualquiera de estas 4 posturas:

1. Expectativas irreales.
2. Ideales irracionales.
3. Creencias mitológicas.
4. Delirios medievalescos.

Holomadurez. Una solución, en este caso, es que la concín se aproxime al máximo a la holomadurez conciencial.

Prevenciones. Hay que evitar siempre estas 12 *tonterías infantiles* en el clima de *compañerismo abierto* de la pareja evolutiva, sea de uno u otro compañero, ante el Cosmos o frente a la Socín:

1. **Propiedad.** *Que su compañero* (o compañera) sea *su propiedad.* Nadie es de nadie. Todos somos solamente concines interdependientes.

2. **Atracción.** *Que su compañero* (o compañera) jamás será atraído por *otra persona.* La atracción interconciencial no es exclusiva, ni por un objeto único.

3. **Convivencia.** *Que su compañero* (o compañera) preferirá estar con usted antes que con otra persona, en *todo momento.* Eso depende de los requerimientos intrafísicos.

4. **Necesidades.** *Que su compañero* (o compañera) pueda satisfacer todas sus *necesidades* económicas, físicas, sexuales (soma), energéticas (holochakra), emocionales (psicosoma), e intelectuales (mentalsoma). Quien vive con usted es una conciencia diferente, pero de nivel evolutivo semejante y puede carecer de otro nivel general más elevado.

5. **Autovivencia.** *Que su compañero* (o compañera) haga por usted lo que usted mismo debe *hacer.*

NADIE CONSIGUE COMPRENDER O VIVENCIAR UNA EXPERIENCIA VÁLIDA PARA SU CRECIMIENTO PERSONAL, EN LUGAR DEL OTRO.

6. **Fidelidad.** *Que la fidelidad absoluta* sea la medida verdadera del amor que se tiene por la otra persona. Amar a alguien significa desear el bienestar, el confort, la alegría y la felicidad auténtica de ese alguien, por encima de las coyunturas solamente del sexosoma.

7. **Sexualidad.** *Que* las buenas *relaciones sexuales* - si usted está exactamente en la posición correcta y aprende las técnicas apropiadas - resuelven todos los problemas del par. El sexo es apenas 1 entre, como mínimo, 10 cuestiones esenciales de la evolución conciencial.

8.   Afectividad. *Que* todos los problemas de la pareja evolutiva giran en torno al *sexo y al amor* (afectividad). El trinomio *discernimiento-seguridad-salud* ha de estar por encima de todo.

9.   Cuestionamiento. *Que* un compañero evolutivo se ajustará al otro gradualmente, sin luchas, discusiones o *desentendimientos*. El cuestionamiento también es amor puro.

10. Crecimiento. *Que* 2 concines no se aman si hay *conflictos* entre ellas. Solo hay evolución personal y grupal a través del estrés positivo y sano (crisis de crecimiento) todo el tiempo, si fuera posible.

11. Transformación. *Que* cualquier *cambio inesperado* en su compañero (o compañera) es demoledor y significa pérdida del amor o afección real. Evolucionar es vivir en constante transformación. La conciencia jamás para, la evolución conciencial tampoco.

12. Confianza. *Que* 2 conciencias alcancen la *meta mutua* de la evolución conjunta, en una vida humana, sin la autenticidad de la comunicación desinhibida, franca y sincera.

SIN CONFIANZA MUTUA, TODO EL TIEMPO, NADIE EVOLUCIONA JUNTO, EN CONVIVENCIA ESTRECHA, EN ESTA SOCIEDAD HUMANA.

30. PAREJA EVOLUTIVA Y PARATECNOLOGÍA

Paratecnología. La paratecnología es la especialidad de la Concienciología que estudia la tecnología de la conciencia dentro de los abordajes de la conciencia "entera" y sus consecuencias, aplicando toda la metodología específica para la ampliación del autoconocimiento de la concín, incluyendo ahí las técnicas proyectivas en general.

Asistencia. Dentro de la paratecnología, quien desea, de hecho, ayudar a los otros, enfrenta uno de los mayores problemas que existen, o sea: encontrar un compañero o compañera para componer una pareja evolutiva. En este caso, comienza ayudando a quien puede ayudar más a uno mismo, haciendo todas las adaptaciones y concesiones necesarias para alcanzar ese objetivo, dentro de una *vida afectivo-sexual de a dos*.

LA SOCIEDAD DE LA PAREJA EVOLUTIVA, GÉNERO PAREJA ÍNTIMA, HA DE ESTAR SIEMPRE EN PROGRESIÓN O EN DESARROLLO CONSTANTE.

Interés. La primera variable gratificante a ser considerada como sostenedora de la vivencia de la pareja evolutiva es el interés de los compañeros, del uno hacia el otro.

Multidimensionalidad. La evaluación conciencial mutua promueve la apertura de la multidimensionalidad de 2 concines maduras, aproximándolas aún más a 3 variables relevantes:

1. **Amparadores.** Sus amparadores.
2. **Procedencias.** Sus *procedencias extrafísicas*.
3. **Proexis.** La ejecución de ambas proexis.

Conciencialidad. El nivel de conciencialidad de cada compañero es extremadamente relevante para el mantenimiento de la armonía y el desarrollo de la *vida afectivo-intelectual de a dos*, dentro del emprendimiento intercooperativo de la pareja evolutiva.

Definiciones. Será siempre productivo para la pareja evolutiva del género pareja íntima, definir, al máximo, 2 realidades:

1. **Similitudes.** Las similitudes entre sí que deben ser expandidas.

2. **Desemejanzas.** Las desemejanzas entre sí que deben ser disminuidas.

Megagestaciones. Tales providencias funcionales y básicas de cada compañero, a partir del consenso de ambos, pueden ser aprovechadas en el perfeccionamiento de su integración y en la ejecución de *megagestaciones concienciales*.

Cuestionario. Hay 7 preguntas pertinentes a la determinación y el desarrollo del nivel de *conciencialidad* de la pareja evolutiva, que pueden ser mutuamente presentadas - sin pasiones, personalismos o rivalidades enfermas - por los compañeros de alto nivel de entendimiento, desinhibición y diálogo (DD):

1. **Inteligencia.** ¿Cuál es el módulo de inteligencia predominante de cada uno de nosotros en la interacción de la pareja evolutiva?

2. **Derivación.** ¿La inteligencia predominante de cada uno de nosotros deriva específicamente del soma, del mentalsoma, o del holosoma?

3. **Mentalsomática.** ¿Quién es la *cabeza mentalsomática* (el autodiscernimiento mayor) de nuestra pareja evolutiva?

4. **Autoorganización.** ¿Quién es la *cabeza organizativa* (autoorganización conciencial) de nuestra pareja evolutiva?

5. **Holochakralidad.** ¿Quién es la *cabeza holochakral* (energética o la flexibilidad personal con las energías concienciales) de nuestra pareja evolutiva?

6. **Holosomática.** ¿Quién es la *cabeza holosomática* de nuestra pareja evolutiva?

7. Traforismo. ¿Cuál es el megatrafor de cada uno de nosotros, componentes de una pareja evolutiva?

Sinceridad. Esta evaluación mutua amplía el universo de la sinceridad máxima de la pareja evolutiva, capaz de mantener una relación de convivencia estrecha, con interacción duradera, productiva e interdependencia útil y continua.

SER CABEZA DE UNA PAREJA EVOLUTIVA IMPLICA RESPONSABILIDAD MAYOR DENTRO DE LA CONVIVENCIA DE A DOS.

Responsabilidad. Para la paratecnología, por ejemplo, el compañero (o compañera), señor del liderazgo intelectual y la *cabeza energética* de la pareja evolutiva que dispone de la supremacía bioenergética, es el responsable de la *primener de a dos* de la pareja y de la promoción de los holorgasmos, después de cierto tiempo, en general prolongado, de *ajuste afectivo-sexual* avanzado de la pareja íntima.

31. PAREJA EVOLUTIVA Y PARATERAPÉUTICA

Paraterapéutica. La paraterapéutica es la especialidad de la Concienciología que estudia la terapéutica o los tratamientos de las enfermedades, desarrolladas por la concienciaterapia.

Asistencialidad. La pareja evolutiva lúcida promueve la *asistencialidad de a dos* con los recursos de la paraterapéutica.

Biduo. Un plazo afectivo profundo puede ser mantenido por el intercambio de energías sexochakrales cada 48 horas - *biduo bioenergético* - período en que la retención de la energía conciencial afectiva del compañero actúa en la psicósfera personal energéticamente saciada.

Saciedad. Esa condición de saciedad, generada a partir de las relaciones sexuales regulares, es un proceso paraterapéutico eficaz en lo referido al mantenimiento del equilibrio energosomático y contra los disturbios energéticos de los compañeros de la pareja evolutiva.

Sexoterapia. Sexólogos internacionales, en 1992 aseguran los principios de la Sexología como terapéutica - Sexoterapia - siempre que el sentimiento sea la base para cimentar las relaciones sexuales entre concines hombres y mujeres.

Antiestrés. La relación sexual entre el hombre y la mujer es instrumento eficaz para combatir el estrés negativo, generador de las enfermedades más diversas.

LA MEJOR VIVENCIA SEXUAL ES LA MONOGÁMICA, O AQUELLA REALIZADA CON UN COMPAÑERO (O COMPAÑERA) FIJO.

Promiscuidad. La promiscuidad trae patología sexual - o enfermedad de transmisión sexualmente (DST) - en esta época de epidemia mortal por *AIDS* y de herpes genital y bucal sin cura.

Viudez. Sin embargo, existe la posibilidad de formar más de 1 pareja evolutiva durante una vida intrafísica, y hasta incluso este hecho ser parte efectiva de una determinada proexis, con enfermedades, accidentes y hasta viudez.

LA SEXUALIDAD MADURA SOLO SE ALCANZA CON LA ABOLICIÓN DE TODAS LAS BARRERAS EXISTENTES ENTRE LA PAREJA.

Madurez. Obviamente, la desinhibición es la *orden del día* constante entre las 4 paredes de la alcoba, energéticamente *blindada*, de la pareja evolutiva.

Franqueza. La adopción de la más absoluta franqueza estructura los fundamentos de la sexualidad sana.

Vidas. Hay 2 categorías de vidas entre los compañeros de una pareja evolutiva:

Horizontal. La vida horizontal: el período orgásmico o la convivencia en la sesión afectivo-sexual.

Vertical. La vida vertical: la convivencia preorgasmo y la convivencia posorgasmo.

Confianza. Sin confianza mutua, permanente, entre los compañeros, el orgasmo - *la vida horizontal* - puede ser óptimo, pero los períodos de convivencia preorgasmos y posorgasmos - *la vida vertical* - acaban siendo pésimos.

Ejercicios. La práctica del sexo - lejos de las hipocresías beatas y de las demagogias místicas - es tan saludable y natural como hacer *jogging*, caminar en la cinta ergonométrica o desarrollar otros ejercicios físicos.

EN CIERTOS CASOS, EL ORGASMO ES UNA FORMA PARA NORMALIZAR LA PRESIÓN ARTERIAL, UNA DE LAS CAUSAS COMUNES DE DESOMA.

Orgasmo. El orgasmo genera en la pareja un estado de ánimo positivo en relación a la vida intrafísica y hasta en lo relativo a la vida extrafísica o multidimensional.

Conjunto. Energéticamente, el orgasmo ideal es el conjunto, simultáneo, de la pareja; mejor que el orgasmo solitario de la masturbación masculina o femenina, o incluso recíproca.

Tabú. Las prohibiciones del puritanismo hipócrita vienen haciendo de la relación sexual, hace más de un siglo, uno de los mayores tabúes de la Socín, cuando es patológica.

Gratificación. Sin embargo, el sexo es una dádiva de la Biología Humana y, cuando es bien practicado, trae siempre más gratificación que desgaste.

Evolución. La Sexología evoluciona, a pesar de la rigidez de la Anatomía y de la Fisiología Humana.

Sexos. En vista de que hoy ya existen, por ejemplo, 3 nuevas categorías de sexos:

1. **Píldora.** El *sexo sin embarazo* con la píldora anticonceptiva y el *condón*.

2. **Higiene.** El *sexo seguro*, dentro de la higiene física, mental, conciencial y la técnica DD: desinhibición, diálogo.

3. **Astronáutica.** El *sexo sin gravedad* de los astronautas que sin duda, trae alguna novedad a esta área fija de las prácticas sexuales rígidas y milenarias entre hombres y mujeres.

Carencia. Si, por un lado, no debemos valorizar el sexo, por otro, la persona no debe vivir en la condición vulnerable de carencia sexual.

LA CARENCIA SEXUAL ES UNA DE LAS PEORES CONDICIONES PARA LA CONCÍN, PUES LA HACE VULNERABLE A LOS ASEDIOS EXTRAFÍSICOS ENFERMOS.

Actividad. El hombre y la mujer, más o menos sanos, pueden y deben tener vida sexual activa hasta el fin de su vida humana (*lifetime*), en la condición de *veteranos de la vida*.

Diario. Todos estos hechos vienen a corroborar las investigaciones de la Concienciología, que recomiendan la práctica intensa y permanente del sexo diario para quien desea dominar sanamente sus ECs, o energías concienciales, y su parapsiquismo en cualquiera de sus modalidades, libre de creencias, represiones, condicionamientos y *lavados subcerebrales* de la Socín, aún patológica (V. *Pareja Evolutiva y Sexosomática*).

32. PAREJA EVOLUTIVA Y PENSENOLOGÍA

Pensenología. La pensenología es la especialidad de la Concienciología que estudia los pensenes (*pen*samientos, *sen*timientos, *e*nergías), la pensenidad y los pensenedores de la conciencia, su parafisiología y su parapsicopatología.

Soma. Con todo realismo, en el holopensene de la pareja evolutiva, la concín debe *pensar con la cabeza* y no con cualquier otra parte del soma, a fin de evitar desastres en el tiempo y en el espacio.

LA PAREJA EVOLUTIVA, SEA CUAL FUERE, ANTE TODO ES LA ASOCIACIÓN PROFUNDA O SUPERFICIAL DE 2 PENSENIDADES.

Holopensene. El *holopensene de a dos*, propio de la pareja evolutiva, creado y mantenido a partir de un mismo materpensene cosmoético o 1 megatrafor idéntico, común a ambos compañeros, propicia la ejecución de la tares, de la polikarmalidad, de la teneper, del epicentrismo conciencial y hasta de 2 ofiexes distintas, al mismo tiempo, de un compañero y del otro.

Desperticidad. La práctica del *holopensene cosmoético de a dos*, conduce a ambos compañeros a la desperticidad vivenciada aún en esta existencia intrafísica.

Autopensenes. Cada compañero ha de mejorar sus autopensenes, con el fin de alcanzar un nuevo nivel de pensenización y mejorar el materpensene del holopensene común a la pareja evolutiva.

Homopensene. El homopensene o telepensene es el pensene telepático o específico de los amantes de la pareja evolutiva.

Pensenización. Los 2 compañeros afines de la pareja evolutiva pensenizan al unísono o de modo igual sobre los principios fundamentales y esenciales de la vida intrafísica.

Afectividad. Evidentemente, la empatía básica del amor romántico, duradero, exige la existencia de homopensenes.

EL ÉXITO DE LA PAREJA EVOLUTIVA SOLAMENTE TIENE LUGAR CUANDO FUE CREADO Y MANTENIDO UN HOLOPENSENE COMÚN, DE A DOS.

Atmósfera. Los holopensenes, la atmósfera de las emociones en el interior del núcleo de los microuniversos concienciales y el clima de las energías concienciales generado y mantenido por cualquier conjunto de concines, es muy importante para aquello que hacen y la calidad del emprendimiento que desarrollan.

Empatía. La empatía es la base para la armonización energética del agrupamiento de conciencias de toda naturaleza, que busca alcanzar un objetivo con bases evolutivas.

Equipo. Dentro de la grupalidad evolutiva, todo sentido de equipo comienza por una pareja de concines.

Energías. El hecho de la exigencia de integración conciencial de las energías personales, es crítico a partir de una pareja de concines, sea cual fuere la naturaleza de su unión o la calificación de sus objetivos.

Contextos. Esta variable de empatía es indispensable, por lo menos, en 5 contextos:

1. Investigaciones. En el desarrollo de las investigaciones generales de la conciencia.

2. Docencia. En la docencia (itinerancia) de los principios de la Concienciología.

3. Parapsiquismo. En el ejercicio del parapsiquismo abierto.

4. Asistencias. En la ejecución de servicios asistenciales en general (tacon, tares, teneper, conciencioterapia).

5. Pareja. En la formación y desarrollo de la pareja evolutiva de cualquier origen.

Categorías. Analicemos 5 categorías de parejas a fin de comprender mejor y situarnos adecuadamente en la realidad de la pareja evolutiva:

1. Conciencioterapia. La *pareja de terapia*, por ejemplo, de 2 conciencioterapeutas (hombre, mujer) que atienden en conjunto a los evolucientes (pacientes).

2. Parapedagogía. La *pareja de docencia* o de 2 profesores itinerantes que dan un curso en conjunto, por ejemplo, el Curso de Extensión en Concienciología y Proyecciología 1 (ECP1), en el Instituto Internacional de Proyecciología y Concienciología (IIPC).

3. Parasociología. La *pareja afectiva* o aquella pareja evolutiva que se constituye para la ejecución de la proexis, de la tares y de la polikarmalidad en conjunto, por toda una vida (*lifetime*).

4. Proyecciología. La *pareja proyectiva* o aquella pareja que produce proyecciones concienciales lúcidas, pudiendo ser hasta conjuntas, y que, a veces sufre el fenómeno de *repercusión de las parejas*, cuando uno de los compañeros se proyecta.

5. Holochakralogía. La *pareja de practicantes de teneper*, cuyos elementos pueden ejecutar los ejercicios asistenciales de teneper, todos los días, en el mismo cuarto y en la misma cama, *en horarios diferentes*, a fin de no perturbarse mutuamente ni sufrir interferencias extrafísicas espúreas.

Posiciones. En las actividades sanas de la pareja evolutiva, hay siempre 2 posiciones:

1. Liderazgo. Una concín que lidera, más agresiva y actuante.

2. Autodefensa. Otra concín, autodefensiva, coadjutora, que sustenta la retaguardia y mantiene el holopensene dentro de una coexistencia pacífica y provechosa.

Segunda. Esta segunda concín coadjutora, siempre más susceptible de ser fragilizada cuando no consigue mantener el mismo nivel de energías, en general debido a sus emociones, cansancio, alejamiento o alienación; puede sufrir los *efectos de las rebabas* de los trabajos en proceso o los reflejos de las energías de las otras concines y conciexes, redundando esa situación en asedios interconcienciales, cargas de energías enfermas y desestabilización temporaria de sus fuerzas y desempeños.

Encapsulamiento. Esta condición de fragilidad puede llevar a los amparadores a hacer el *encapsulamiento parasanitario*, temporario y útil, de la concín fragilizada, en favor de ella misma y del desarrollo de los trabajos asistenciales en proceso.

Aspectos. Hay 4 aspectos relevantes para entender el encapsulamiento parasanitario:

1. Asediadores. Es importante considerar que los asediadores pueden patrocinar el encapsulamiento intrusivo sobre conciencias víctimas de sus vampirizaciones energéticas. Es el "depredador resguardando a su presa".

2. Dobles. Hay encapsulamientos dobles que afectan a una pareja afín o a una pareja evolutiva.

3. Encapsuladores. Hay encapsuladores conscientes o inconscientes de lo que hacen consigo mismos o con los otros.

4. Autoconciencia. La conciencia puede estar encapsulada sabiendo y sintiendo, o no, lo que ocurre.

Relevo. Un recurso profiláctico, eficaz para evitar esas situaciones, cuando son negativas, es hacer el relevo de las funciones entre los 2 componentes de la pareja evolutiva, cuando eso sea posible, teniendo en cuenta la cualificación técnica de las concines y el objetivo (meta) de las actividades en proceso.

33. PAREJA EVOLUTIVA Y PROEXOLOGÍA

Proexología. La proexología es la especialidad de la Concienciología que estudia la programación existencial (proexis) de las concines en general en la intrafisicalidad y sus consecuencias evolutivas.

Avanzada. Para los pre-serenos en general, toda proexis avanzada exige la formación de una pareja evolutiva activa.

Primarias. En innumerables proexis primarias, las concines viven la vida intrafísica, hasta casándose, pero, sin componer una pareja evolutiva.

Casamiento. Quien se casó no quiere decir, que solo por eso, formó una pareja evolutiva. Casamiento convencional no es lo mismo que pareja evolutiva. Es fácil observar en todo este contexto las diferencias.

Proexis. En la mayoría de las parejas evolutivas exitosas, las proexis individuales presentan puntos en común entre los compañeros.

LA TENDENCIA INTELIGENTE DE TODA PAREJA EVOLUTIVA LÚCIDA ES ESPECIALIZARSE EN GESTACIONES CONCIENCIALES.

Etapas. Según los principios de la proexología, la pareja evolutiva inteligente puede vivenciar en sus gestaciones concienciales 3 etapas distintas en sus *performances* en la vida intrafísica, en este orden cronológico:

1. *Proexis ejecutadas de a dos.*
2. *Complexis alcanzados de a dos.*
3. *Morexis obtenidas de a dos.*

Exito. Tales realizaciones es lo que este autor anhela como éxito, además *de los 15 minutos de celebridad humana,* para todos los compañeros de las parejas evolutivas ya existentes.

POR LA TÉCNICA DEL TODAVÍA NO ES, DE LA PROEXOLOGÍA, LA MAYOR PASIÓN DE A DOS, AÚN NO ES PAREJA EVOLUTIVA BIEN CONSTITUIDA.

Inconsciencia. Hay parejas que ya forman inconscientemente una pareja evolutiva a través de la vivencia libertaria de sus compañeros, incluso desconociendo los principios de la Concienciología y los detalles de sus proexis conjuntas. Este es el aspecto evolutivo de los instintos de las concines.

34. *PAREJA EVOLUTIVA Y PROYECCIOLOGÍA*

Proyecciología. La proyecciología es la especialidad de la Concienciología que estudia las proyecciones de la conciencia y sus efectos, inclusive las proyecciones de las energías concienciales fuera del holosoma.

Proyectabilidad. La optimización de la *performance* proyectiva (proyectabilidad lúcida) puede ser un objetivo prioritario para la pareja evolutiva a fin de que cada compañero acceda a niveles mayores de conocimientos trascendentes libertarios.

PCCs. Las *proyecciones conscientes conjuntas* (PCCs) *de a dos*, es una buena hipótesis a ser considerada en los trabajos de investigación de la pareja evolutiva.

EN LAS PROYECCIONES CONSCIENTES CONJUNTAS UN COMPAÑERO PUEDE FUNCIONAR EN LA CONDICIÓN DE CO-PROYECTOR DEL OTRO.

Proyectarium. Los compañeros de la pareja evolutiva pueden instalar un *proyectarium (retrocognitarium, precognitarium)* con el fin de recibir, a ambos proyectores al mismo tiempo, con preparaciones técnicas, personales y optimizadoras.

Transmisibilidad. La técnica de la *transmisibilidad proyectiva* no debe ser olvidada ni menospreciada por los compañeros de la pareja evolutiva con el propósito de facilitar sus proyecciones conscientes (V. el libro *Proyecciología*).

Base. El primer paso para la mejora de la proyectabilidad lúcida para cualquier concín, inclusive los compañeros de la pareja evolutiva, es instalar una base física de calidad.

Minimuertes. Las proyecciones concienciales lúcidas, conjuntas y los holorgasmos de la pareja evolutiva tienen un punto en común: ambas son *minimuertes temporarias de a dos*.

LAS CIRCUNSTANCIAS INTRA Y EXTRAFÍSICAS INFLUYEN VIGOROSAMENTE EN LA PRODUCCIÓN DE LAS PROYECCIONES CONCIENCIALES CONJUNTAS.

Predisposición. Han de tomarse algunas providencias a fin de neutralizar las circunstancias ambientales y personales con la intención de predisponer a los compañeros-proyectores al experimento proyectivo.

Optimización. Hay 21 procedimientos, optimizados por las circunstancias humanas, las más ideales posibles, de *privación sensorial* dentro de la técnica de la hiperexcitabilidad sexual para la producción eficaz de la proyección consciente conjunta, a través del psicosoma, por los compañeros de la pareja evolutiva, temporalmente viviendo separados, adrede:

1. **Carencia.** El par, románticamente apasionado, se mantiene en la condición de *carencia sexual.* No importa si ambos están cansados, físicamente, después de un *día completo* de trabajo.

2. **Horario.** A la noche, después de cenar con amigos, es el horario ideal para esta práctica proyectiva.

3. **Toques.** Dentro del auto de los amigos, o en un taxi, sentados en el asiento de atrás, la pareja se prodiga toques físicos, o caricias entre sí, *solo las manos en las manos.*

4. **Acoplamiento.** En esta condición, ambos promueven intenso acoplamiento áurico.

5. **Compañera.** Ella, la compañera, es dejada en la puerta de la casa, o en frente del edificio del apartamento donde reside.

6. **Frontochakra.** Ella mira a su compañero, que permanece dentro del auto, con una *mirada energética* (frontochakra) final, de noche, a la hora de la despedida.

7. **Compañero.** Él, el compañero, va a su casa, preferentemente situada en un barrio cercano de la misma ciudad, *lo más rápido posible*, sin compromisos o diálogos dispersantes de energías concienciales con otras personas.

8. Encuentros. Ambos evitan, al máximo, de ahí en adelante, contactos o encuentros físicos con otros seres subhumanos o humanos, aunque sean muy queridos. Lo mejor es no tener, temporalmente, ni perros ni gatos en sus casas.

9. Cuartos. Ambos compañeros van de inmediato a sus respectivos cuartos de dormir.

10. Ejercicios. Ambos evitan realizar cualquier ejercicio físico, prescindible en ese contexto específico.

11. Rostro. Cada uno mantiene la imagen física del rostro seductor, sonriente y provocativo del otro, visualizada al frente. Obviamente, no deben encender el televisor o consultar el fax (teléfono, contestador automático teléfonico, microcomputador, *e-mail*). Lo más inteligente será bajar el volumen del teléfono o del intercomunicador, si fuera el caso.

12. Baño. Cada uno atiende sus necesidades fisiológicas naturales.

13. Ropas. Cada uno se viste con sus ropas de dormir habituales más confortables.

14. Cama. Cada uno va a su cama *solo*, sin la compañía de otra persona, hijo o hija, gato o perro, en el dormitorio.

15. Posición. Cada uno se acuesta en la cama, en su *posición física* acostumbrada.

16. Evocaciones. Ni uno ni otro evoca a *otras conciencias*, sean concines o conciexes, antes de dormir.

RESPECTO A LAS EVOCACIONES, DEBEN SER ENFATIZADAS LAS EVOCACIONES INCONSCIENTES, LAS MÁS COMUNES E IGNORADAS.

17. Fijación. Ella, la compañera, va a dormir fijando mentalmente el rostro seductor de él.

18. Mutualidad. Él, el compañero, va a dormir fijando mentalmente el rostro seductor de ella.

19. Vivencias. En 1 o 2 horas, en promedio, cada uno al despertar, registra en un papel lo que fue rememorado de las vivencias extrafísicas compartidas.

20. Relatos. En la primera oportunidad, buscan intercambiar impresiones o las percepciones concienciales del encuentro extrafísico, utilizando la confrontación de sus relatos escritos.

21. Energías. Quien se proyecta hasta el dormitorio del otro, no debe juzgar solo por eso, que sea el mejor proyector, o el más potente enérgicamente, entre ambos. Puede haber sido apenas el resultado de algún factor específico de esa situación.

35. PAREJA EVOLUTIVA Y PSICOSOMÁTICA

Psicosomática. La psicosomática es la especialidad de la Concienciología que estudia las emociones de la conciencia a partir del psicosoma, el paracuerpo de los deseos.

Sinceridad. El concepto de *pareja evolutiva* se basa en una relación desinhibida, madura, auténtica y franca entre 2 *personas-conciencias*, de intimidad más abierta.

Patrón. El patrón de afecto de la pareja evolutiva debe ser explícito, con emoción y sentimiento, donde los compañeros se abrazan, se tocan y se *disfrutan*, independientemente del mundo a su alrededor.

Medios. A través de los medios de comunicación patológicos, las personas están habituadas a pasiones violentas y pasajeras, y no a relaciones sanas que exigen concesiones.

Apertura. En la *pareja evolutiva* desaparecen las ideas restrictivas y las tensiones conyugales típicas de la trampa del *casamiento cerrado*, tradicional, victoriano.

Jaula. En este casamiento tradicional 2 seres humanos instintivos, se *atan* y viven presos en una *jaula dorada*, o dentro de chalecos de fuerza impuestos por la vida intrafísica.

LA PAREJA EVOLUTIVA TIENE COMO OBJETIVO LA APERTURA SANA DE LA MULTIDIMENSIONALIDAD DE 2 CONCINES MADURAS.

Expansión. Esta relación no manipuladora de la *pareja evolutiva* de concines, estimula el crecimiento tanto de la *mujer-conciencia* como del *hombre-conciencia* y se fortalece con la constante revitalización y expansión interior de ambos.

Madurez. La *pareja evolutiva* se basa en la libertad igual a la identidad de ambos *compañeros-conciencias*.

Compromisos. La formación de la pareja evolutiva conlleva 5 categorías de compromisos, en este orden natural:

1. Compromiso energético.
2. Compromiso emocional.
3. Compromiso verbal.
4. Compromiso intelectual.
5. Compromiso cosmoético.

LA PAREJA EVOLUTIVA PRESCINDE DE LA FORMALIZACIÓN DE DOCUMENTOS FIRMADOS EN REPARTICIONES HUMANAS.

Relación. La condición de pareja evolutiva da derecho a cada uno a crecer en la condición de *individuo-conciencia* lúcida, dentro de una relación madura y un estilo de vida más dinámico.

Objeto. En la vivencia de la *pareja evolutiva*, ninguna de las 2 *conciencias pre-serenas*, del mismo nivel, es objeto de validación de las inadaptaciones o frustraciones de la otra.

Cesión. La *cesión mutua* prescinde de 4 posturas enfermas:

1. **Dominio.** El sadismo del dominio (machismo).
2. **Sumisión.** El masoquismo de la sumisión.
3. **Restricciones.** Las restricciones impuestas.
4. **Posesión.** La posesión asfixiante (tiranía doméstica).

Mujer. La condición de pareja evolutiva mantiene a la mujer, una *conciencia-cuidadora*, dejando de ser el hombre la anticuada *conciencia-dictadora*, clásica en la Historia Humana.

Flexibilidad. En la pareja evolutiva cada compañero disfruta de bastante espacio y tiempo conciencial. Eso les da la flexibilidad de cada uno tener libertad energética, mental y emocional para crecer en la condición de *conciencia-individualizada* autolúcida.

Crecimiento. Cada *conciencia-experimentadora*, en la condición de compañera en una pareja evolutiva, disfruta de la oportunidad de crecimiento y de nuevas experiencias fuera de la relación, desarrollándose y expandiéndose en el mundo intrafísico y en las dimensiones extrafísicas libres.

EL DINAMISMO DE LA INTERACCIÓN CONCIENCIAL, VUELVE LA UNIÓN DE LA PAREJA EVOLUTIVA MUCHO MÁS FUERTE.

Espiral. Desarrollándose en una espiral ascendente, los compañeros de la pareja evolutiva acrecientan nuevas experiencias externas personales a sus microuniversos concienciales y reciben, también, la sumatoria benéfica de las experiencias externas del(a) compañero(a) en un clima de mutua confianza.

Sinergismo. Es importante que los compañeros entiendan la estructrura de sinergismo en el que deben vivir, expresado en 3 variables básicas:

1. **Fórmula.** La pareja evolutiva vivencia la idea general de sinergismo, expresado en la fórmula: 1 y 1 es igual *a más que* 2.

2. **Sumatoria.** En el caso del sinergismo de la pareja evolutiva, la suma de las partes que trabajan juntas es siempre mayor que la suma de las partes que trabajan separadamente.

3. **Unidad.** Por el sinergismo, el amor es una *unidad doble*, la síntesis de la condición de la pareja evolutiva, el *espíritu de la cosa* en sí, tratándose de la relación interconciencial.

Atracción. En este *compromiso abierto*, el amor romántico más puro puede venir a ser un acontecimiento cíclicamente repetido, en la medida en que cada uno se convierta en más atractivo para el otro, con energías concienciales más intensas (cantidad, volumen) y mejores (calidad, terapéutica), por medio de la evolución conciencial individual y del conocimiento teático de uno y de otro, cada vez mayor.

Respiración. Vale reflexionar sobre este hecho: es increíble, pero el *amor puro* aún permite la respiración. El amor romántico, puro, sincero y mutuo consigue potencializar y sustentar la pareja evolutiva victoriosa.

Amor. El anhelo del *amor puro*, por encima de las aventuras emocionales o sexuales, es natural y benéfico para los compañeros de una pareja evolutiva, dentro del grupokarma. Sin embargo, debemos saber también que el amor puro, a través de la holomadurez y de la cosmoética, no visita ni una vez la vida de legiones de concines.

Comprensión. El amor puro es una condición que precisa ser buscada, entendida y mantenida por intermedio de concesiones y mucha comprensión mutua.

Holopensene. El amor sincero, mutuo, ofrece una afectividad madura en el *servicio de a dos*, evolutivo, diario y conjunto, manteniendo el holopensene de la tares y de la polikarmalidad (V. *Pareja Evolutiva y Pensenología*).

Redeclaraciones. En la condición de pareja evolutiva, el compañero hace *redeclaraciones* de amor periódicas a su compañera, con espontaneidad y sinceridad en función del bienestar y de la potencialidad gratificante de la propia unión.

SE VUELVE IMPRACTICABLE LA EVOLUCIÓN PLENA DE UNA PAREJA EVOLUTIVA SIN EL COMBUSTIBLE DEL AMOR AUTÉNTICO.

Celos. La pareja evolutiva ha de observar seriamente los procesos de celos, posesividad e inseguridad psicológica o afectiva de un compañero en relación al otro, en lo que respecta a la asistencia practicada a través de la teneper.

Mujer. Si la mujer, por ejemplo, comienza a manifestar celos por causa de las llamadas telefónicas de otras mujeres que solicitan asistencia, a ser ejecutada por el hombre a través de las prácticas de la teneper, ella se pasa completamente al lado contrario y se *posiciona* del lado *hombro a hombro con los asediadores.*

Asediadores. Tales asediadores pueden ser no solo los de la conciencia a ser asistida, o de quien llama por teléfono solicitando ayuda, sino también los del practicante de la teneper, que se empeña en el desasedio, y hasta los de ella misma.

Desentendimiento. El practicante de teneper, en este caso, quedará arrinconado y sentirá eso directamente, de inmediato en la *parapiel*. Es fácil imaginar lo que puede surgir de parapatológico en esa atmósfera de desentendimiento de la pareja evolutiva por causa exclusiva de la inseguridad de los celos de uno de los compañeros.

Disponibilidades. En la vivencia de la pareja evolutiva, la concín necesita presentar, por lo menos, 2 categorías de disponibilidades personales:

1. Disponibilidad conciencial (personal, temporal, espacial).
2. Disponibilidad sexual.

Atracción. Del mismo modo que los hombres son atraídos por los *ojos* sobre el ginosoma, las mujeres son atraídas por las *palabras*, el cariño, la atención y el buen humor del hombre.

Cariño. El *arte del cariño* holosomático supera en eficiencia y resultados a la *ciencia de la sexología* intrafísica, dentro del *universo dual* de la pareja evolutiva de concines lúcidas.

HAY MUJERES - DEVORADORAS DE HOMBRES - QUE SE JUZGAN CAPACES DE DESTRUIR UNA PAREJA APENAS CON UNA SONRISA.

36. PAREJA EVOLUTIVA Y RECEXOLOGÍA

Recexología. La recexología es la especialidad de la Concienciología que estudia la filosofía, la técnica y la práctica de la recexis, o reciclaje existencial, dentro de la intrafisicalidad.

Recexis. La *recexis de a dos*, o desarrollada por una pareja evolutiva de reciclantes existenciales, es una de las condiciones evolutivamente más avanzadas para vivir de modo fructífero en la vida humana, dentro de las premisas propuestas por la Concienciología.

Circunstancias. Hay circunstancias diversas donde la recexis mejora la vida intrafísica para el hombre en particular, para la mujer en particular y para ambos compañeros de la pareja evolutiva consciente.

Renovación. La recexis es imperiosa cuando un compañero desea evolucionar un poco más conciencialmente y el otro no. Si este no se decide por la renovación, la separación, en muchos casos, se impone porque la unión ahí sería mantener un obstáculo a la evolución digna de uno de los compañeros.

Gestaciones. Hay una lista de 6 obras o frutos de las gestaciones concienciales, desafíos para los reciclantes hombres y mujeres:

1. **Tares.** Asistencias por la tares.

2. **Docencia.** Docencia de la Concienciología.

3. **Investigaciones.** Investigaciones concienciológicas.

4. **Artefactos.** Construcción de libros, videocasetes, disquetes, *CD-ROMs* y artefactos del saber, técnicos y libertarios, en general.

5. **Polikarma.** Mantenimiento de un trabajo polikármico con bases intrafísicas y consecuencias multidimensionales sanas.

6. **Parapsiquismo.** Ejercicio del parapsiquismo universalista y libertario entre las dimensiones concienciales.

Ideales. En un abordaje por orden alfabético de los temas, hay 15 ideales básicos de la pareja evolutiva, sea constituida por 2 inversores, 2 reciclantes o una pareja mixta reciclante/inversor(a) o viceversa.

1. Afectividad. Estima, amor y afectividad derivados de todos los esfuerzos conjuntos con el fin de *quemar etapas* en busca de la evolución conciencial.

2. Conducta. Espontaneidad desinhibida, el acto de *sacarse el maquillaje*, la autenticidad sincera y permanente dentro de la conducta cosmoética, intrafísica y extrafísica.

3. Confianza. Confianza abierta, mutua que elimina la inseguridad de los celos enfermos, a través del diálogo, o de la intercomunicación conciencial ininterrumpida.

4. Creatividad. Creatividad con expansión en todo lo que se hace, consciente del carácter avanzado y original de los principios de la filosofía de la pareja evolutiva.

5. ECs. Amor revitalizante en el sistema de *energías concienciales* (ECs) *abiertas, de a dos*, en expansión viva.

6. Enriquecimiento. Enriquecimiento conciencial efectivo tanto para uno como para el otro compañero, intrafísico, evolutivo, consciente.

7. Estimulación. Estimulación recíproca, sin sofocaciones o chantajes emocionales.

8. Evolución. Respeto natural al nivel y ritmo evolutivo del compañero (o compañera), en verdad, la mayor demostración práctica de amor puro.

9. Flexibilidad. *Flexibilidad mental* práctica en los roles vitales que cada uno desempeña en una existencia agilizada por el discernimiento magno.

10. Inmediatismo. Crecimiento personal y conjunto con potencialidad ilimitada en el *aquí y ahora* del inmediatismo diferente, holosomático, multidimensional y lúcido.

11. Interdependencia. Libertad individual dentro de la condición lúcida de interdependencia evolutiva, distante de la dependencia e independencia concienciales impracticables o inconvenientes.

12. Intimidad. Intimidad máxima posible entre 2 concines pre-serenas, que demandan la condición evolucionada del *des*asediado *per*manente *to*tal (*desperto*).

13. Cambios. Aprendizaje evolutivo incesante siempre adaptable a los cambios esperados y comprensibles que se hicieran necesarios.

14. Relación. Intensidad positiva de la relación, con expectativas realistas y racionales, sin esclavitud de cualquier naturaleza.

15. Responsabilidades. *Responsabilidad personal y conjunta,* de a dos, frente a las propias proexis o las programaciones existenciales y evolutivas.

Test. Si usted compone con alguien una pareja evolutiva, con 10 de estos ítems ideales, la posibilidad de éxito de su convivencia libertaria, en pareja, está asegurada.

LAMENTABLEMENTE, LA EDUCACIÓN FORMAL, HASTA EL MOMENTO, NO EQUIPA A LOS JÓVENES PARA CONOCERSE BIEN.

Madurez. La pareja evolutiva prescinde del casamiento formal y de los hijos, pero para ella se vuelve indispensable: el amor, el sexo, el placer sexual, la responsabilidad cosmoética y la madurez conciencial.

Autenticidad. Para llegar al punto de autenticidad plena de la pareja evolutiva, se depende de cada compañero en particular.

Plazos. El objetivo de autenticidad puede ser alcanzado a través de 2 plazos:

1.   **Mínimo.** En un plazo mínimo de afinizaciones de *algunos meses,* a partir de los trabajos conjuntos, milenarios, anteriores, ya ejecutados.

2.   **Máximo.** En un plazo máximo de *algunas vidas* intrafísicas, con trabajos milenarios, conjuntos, de afinizaciones a ser más desarrolladas todavía.

Interacción. Por ejemplo, en la formación de la pareja evolutiva exitosa, la interacción de la reciclante con el inversor existencial ha de hacerse a través de exigencias y concesiones mutuas, evidentemente muchas más concesiones que exigencias.

Saldo. Por la recexología, es siempre válido que el compañero de la pareja evolutiva se haga, a sí mismo, esta pregunta de vez en cuando: ¿Cuál es mi saldo evolutivo, cosmoético, grupokármico, en la condición de componente de mi pareja evolutiva?

Aditivos. Todo exige técnica, inclusive el sexo. El reciclaje sexual debe ser desarrollado a través de, por lo menos, 3 categorías de dispositivos o aditivos:

1. Nuevas posiciones sexuales.

2. Objetos sexuales nuevos, adquiridos directamente por los compañeros de la pareja (sin polución de las energías concienciales de los otros).

3. Revistas coloridas y vídeos nuevos, también comprados directamente por los compañeros.

Conversión. Una pareja común de la Socín puede convertirse en una pareja evolutiva, en cualquier época de su relación, a partir del conocimiento de las verdades relativas de punta de la Concienciología y del *reciclaje de la existencia compartida de a dos*, alterando para mejor las metas de las vidas de los compañeros.

37. PAREJA EVOLUTIVA Y RESOMÁTICA

Resomática. La resomática es la especialidad de la Concienciología que estudia el renacimiento somático de la conciex que pasa a la condición temporal de concín, o sale de la condición de extrafisicalidad hacia la condición de intrafisicalidad.

Resoma. Uno de los aspectos más relevantes para la formación de la pareja evolutiva es la época humana de la resoma de cada compañero o sus *fechas de nacimientos.*

Conciliación. Respecto a la resoma, los compañeros de la pareja evolutiva tienen que considerar 5 factores o variables nuevas, cada uno, en sus relaciones sanas o en la conciliación de sus *egones*:

Psicosoma. Nuevas conexiones energéticas del holochakra en el psicosoma.

Soma. Nuevo soma (cuerpo humano).

Genética. Nueva genética, o la herencia recibida de una nueva madre y de un nuevo padre (en general). Incluso en el caso de la conciex que viene, por ejemplo, en la condición de hijo 2 veces (2 resomas) en un período de 1 década, la misma madre y hasta el mismo padre pueden haber cambiado en lo relativo al soma, salud, hábitos y actos, lo que puede alterar la herencia genética, a menudo, para peor.

Paragenética. Nueva paragenética, o más apropiadamente, acrecentada por las influencias del último retrosoma, o cuerpo humano desactivado en la vida humana, pasada, reciente.

Mesología. Nueva mesología o herencia socio-cultural del ambiente (hogar, escuela, entidad estudiantil, iglesia, club, profesión, sindicato, partido político y otras *correas del ego*) (V. *Pareja Evolutiva y Holomadurología*).

LOS SEMEJANTES ATRAEN A LOS SEMEJANTES A TRAVÉS DE ASSIMS SANAS, PERO TAMBIÉN A TRAVÉS DE ASSIMS PATOLÓGICAS.

Subhumanidad. Corrobora esa ley, el holopensene subhumano en el que vivimos en los renacimientos intrafísicos en este Planeta. Nadie huye de la *realidad* de la dimensión conciencial donde está.

Convivencia. Precisamos convivir, como medida drástica, hasta de supervivencia, con las plantas y los animales subhumanos. *Nosotros ya fuimos plantas y animales subhumanos.* Nosotros todavía los comemos a toda hora, todos los días, hace milenios. Nuestros lazos son fortísimos.

Botánica. Este hecho evidencia que evolucionamos indisociablemente juntos, queriendo o no, unos con otros, hasta incluso a partir de las especies de la Botánica. Sin otra opción.

Trama. Nadie consigue huir de la trama de esa intrincada maraña evolutiva más amplia humanos-subhumanos (V. *Pareja Evolutiva y Parapatología*).

Subcerebro. La prueba de este hecho está en la realidad, todavía omnipresente, del *subcerebro abdominal*.

Parejas. He aquí el por qué existen las *parejas estancadas*, interasediadoras, los cónyuges neuróticos, con mutuas vampirizaciones simbióticas, patológicas dentro de los cuadros de la evolución conciencial, así como existen las *parejas evolutivas* sanas, con interfusiones concienciales, mejores, positivas.

Comuniones. En la resoma de los compañeros, con bases parageneticas y compromisos asumidos en el curso intermisivo, las relaciones duraderas, agradables e interesantes de la pareja evolutiva, de *cama y mesa*, generan la *comunión carnal* (cama) que se conjuga con la *comunión de los paladares* (mesa).

CADA COMPAÑERO DE LA PAREJA EVOLUTIVA DEBE VIVIR SIEMPRE CONSCIENTE DE QUE NO EXISTE *UNA* PAREJA ETERNA.

38. PAREJA EVOLUTIVA Y SERENOLOGÍA

Serenología. La serenología es la especialidad de la Concienciología que estudia el *Homo sapiens serenissimus*, sus rasgos personales, sus características y consecuencias evolutivas.

Serenismo. En teoría, obviamente, es posible llegar al serenismo sin pasar por la formación y vivencia en pareja evolutiva. Sin embargo, no es eso lo que se observa hasta hoy en las investigaciones prácticas intra y extrafísicas, en lo que respecta a la evolución de las conciencias.

Polikarmalidad. La influencia polikármica del grupo evolutivo es extremadamente vigorosa sobre las conciencias en general. La unión de fuerzas, en este caso, lógicamente, puede transformar los resultados de los esfuerzos conjuntos en mucho mejores. En este punto vale observar el sinergismo (V. *Pareja Evolutiva y Psicosomática*).

Convivencia. Quien ya tuvo un compañero o compañera de pareja evolutiva en su pasado milenario, compañero este que hoy es Supersereno o Superserena, es posible estar viviendo en la intrafísicalidad más predispuesto a identificar un Supersereno y hasta inclusive tener una entrevista extrafísica con él.

LA PAREJA EVOLUTIVA CONSTITUIDA POR 2 SUPERSERENOS, EN LA VIDA HUMANA, DEBE COMPONER EL PAR DE SUPERAMOR IDEAL.

deslumbramientos. Dentro de la Socín, aún patológica, hay, entre otras, *7 fuentes de deslumbramientos* que hacen las vidas humanas más excitantes e impiden la predisposición para el acceso a la idea, filosofía y personalidad del *Homo sapiens serenissimus*:

1. **Carnaval:** los desfiles, los bailes, los nudismos, la suspensión temporal de las autodisciplinas (Oktoberfest).

2. **Fútbol:** el crack, la decisión, la hinchada (béisbol).

3. **Shows:** el cantante, la cantante, el *popstar*, la *megastar*, el *happening*.

4. **Fórmula I:** el circo, la velocidad, el peligro, la competición (Indy).

5. **Astro:** la actriz, el actor, el cine, la televisión, el teatro, los *spots*.

6. **Deportes radicales:** el *bungee jump*, el ala delta, el paracaidismo acrobático, el *paraglide*, el *surf* aéreo, el alpinismo digital (los *hombres lagartija*), la frontera del suicidio.

7. **Monarquía.** la corte, la princesa, la reina, el rey, la pompa, la fascinación por la solemnidad y la suntuosidad.

Desvíos. La pareja evolutiva debe estar atenta a estos deslumbramientos desviadores de la proexis de millones de concines.

EN MUCHAS CULTURAS Y SOCIEDADES, LA GENIALIDAD AÚN TIENE POCO VALOR O COTIZACIÓN SOCIAL.

premiaciones. La premiación del Oscar atrae más público televisivo que la premiación del Nobel. Lo inútil todavía predomina sobre lo útil.

39. PAREJA EVOLUTIVA Y SEXOSOMÁTICA

Sexosomática. La sexosomática es la especialidad de la Concienciología que estudia el soma específicamente en lo referido a su sexo, o *sexosoma*, y sus relaciones con la conciencia humana (concín), sea hombre o mujer.

Amantes. En el holopensene de la pareja evolutiva es importante considerar que el amante no es un trapo para la mujer, ni la mujer mero objeto de placer o de reproducción para el hombre.

Sexualidad. No se puede olvidar que el acto sexual:

No es sucio.

Ni sórdido.

Ni prohibido.

Ni doloroso.

Ni desagradable.

Ni enfermo.

Realidades. El acto sexual es, o representa, por lo menos 7 realidades o instrumentos funcionales para las concines:

1.   Una parte digna y *superútil* de la Fisiología Humana (sexochakra).

2.   Una dádiva o presente de la Biología Humana para el bienestar de la persona, hombre o mujer.

3.   Un agente revitalizador natural a través de la adrenalina.

4.   Un aliviador de estrés nocivo y tensiones excesivas.

5.   Un desahogador de las presiones sociales (catarsis).

6.   Un dinamizador de la capacidad respiratoria de la persona (cardiochakra).

7.   Una vacuna eficaz contra el cansancio.

Carencia. Las personas, en su mayoría, son evolutivamente inmaduras y carentes sexuales.

Plazo. Para que una persona tenga verdadero contacto sexual con otra, realmente, es necesario que esté, como mínimo, 6 meses junto a ella, diariamente, en la cama, a fin de vencer todas las inhibiciones recíprocas.

Orgasmo. El orgasmo de una pareja evolutiva debe ser estudiado por los compañeros, porque puede ser conjunto, sincrónico, o unilateral, asincrónico, o sea, ocurrir en momentos de apogeos diferentes, uno después del otro, e incluso ocurrir solo con el hombre.

EL HOMBRE HA DE SER ACTIVO Y PASIVO ANTE LA MUJER. LA MUJER HA DE SER PASIVA Y ACTIVA ANTE EL HOMBRE.

órganos. El ejercicio regular del órgano mantiene la función del soma para el hombre (androsoma) y la mujer (ginosoma).

Hormonas. En teoría, cuanto más sexo el hombre tiene, más hormonas su cuerpo fabrica.

Menstruación. El empleo de un gel neutro y del *condón* facilitan la vida sexual de la pareja evolutiva, incluso durante el período menstrual.

Homeostasis. Frente al sexo, la pareja evolutiva ha de considerar 4 factores provenientes de la homeostasis holosomática (V. *Pareja Evolutiva y Holosomática*), a través del tiempo, y que dan resultados sorprendentes:

1. **Convivencia.** Convivencia armónica de, por lo menos, 1 década sin separaciones.

2. **Sexualidad.** Práctica de relaciones sexuales una vez por día, por lo menos.

3. **Primener.** Vivencia de la *primener* (primavera energética) *de a dos*, por lo menos 1 vez.

4. **Holorgasmo.** Obtención del holorgasmo conjunto (*maxiprimener*).

Salud. La alegría espontánea de la concín ligada a la multidimensionalidad es capaz de predisponer y promover 9 realizaciones valiosas:

1.   **Assim.** Intensifica la asimilación simpática (assim) sana entre los compañeros de la pareja evolutiva.

2.   **Lazos.** Profundiza y estrecha los lazos puros de la pareja evolutiva.

3.   **EV.** Amplía las consecuencias energéticas del estado vibracional (EV), personal, autodefensivo.

4.   **Gestaciones.** Motiva la producción de las gestaciones concienciales.

5.   **Holosoma.** Mantiene la homeostasis holosomática.

6.   **Recín.** Incentiva el reciclaje intraconciencial (recín) o la reforma íntima de la personalidad más lúcida.

7.   **Soltura.** Predispone la soltura parafisiológica del holochakra.

8.   **Trinomio.** Inspira la organización y realización del trinomio motivación-trabajo-placer.

9.   **Vivencias.** Llega a las vivencias autoconscientes de la primener, de la euforín y del holorgasmo de a dos.

Seducciones. Las seducciones sexochakrales entre los 2 compañeros de la pareja evolutiva pueden ser naturales, sanas y hasta cosmoéticas dependiendo de la intencionalidad de cada concín.

Intrusión. La *intrusión espermática* lúcida y sana, por parte del hombre en la mujer de la pareja evolutiva, no tiene como objetivo la gestación humana, sino la manutención y la dinámica de las energías concienciales de ambos compañeros y su homeostasis holosomática, a fin de lograr gestaciones concienciales de alto nivel.

Aura. En la pareja evolutiva, cada compañero busca contemplar el *aura orgásmica* del otro - la *miniprimener efímera* - en las manifestaciones más elevadas del *Homo eroticus*.

Desinhibición. La *d*esinhibición explícita y el *d*iálogo abierto (técnica DD) traen la sexualidad madura a la pareja íntima - o a la pareja evolutiva - que se ama, independientemente de las edades físicas o de las plásticas de los somas.

Técnica. La técnica DD, desinhibición y diálogo, completa, se compone de 5 posturas para cada compañero(a):

1. Cuestionario. No se avergüence de preguntar: por más difícil que sea, intente hablar de sus necesidades sexuales con su compañero(a).

2. Diálogo. Dialogue: la timidez es siempre una enfermedad.

3. Desrepresión. Desreprímase: acabe con los preconceptos de la Edad Media o de la Era Victoriana.

4. Desinhibición. Desinhíbase en sus actitudes relacionadas al sexo, eliminando sus *manías culturales*, represiones y apriorismos enfermos.

5. Cosmoética. Sea honesto y cosmoético: corte las corrupciones, comenzando por las *auto*corrupciones (pecadillos mentales).

Reciclaje. La renovación del ambiente y las variaciones de las posiciones sexuales predisponen el *reciclaje sexual continuo* de la pareja íntima o de la pareja evolutiva.

Democracia. Entre las 4 paredes está vigente la *democracia de alcoba*: todo es permitido bajo las normas de higiene física y mental.

EN LA VIDA AFECTIVA, NADA ESTÁ MAL SI ES APRECIADO DE A DOS, POR LOS COMPAÑEROS DE LA PAREJA EVOLUTIVA.

completud. El acto de hacer el amor (sexo) de cama y mesa, a mano, completo y disponible a cualquier hora del día de la *pareja evolutiva*, no puede ni compararse, en excelencia, en lo referido a las realizaciones concienciales objetivas que propicia, al más sublime afecto (autopensenes, sexopensenes) tan solo platónico, distante, abstracto, intocable, irrealizado y mal resuelto de la *pareja incompleta*.

Somas. En la vida social de la Socín Moderna, con el aumento inédito de la población mundial de concines, además del incremento de las conciexes asediadoras, plena de liberalidad afectiva y permisividad sexual, es sumamente relevante la exclusividad, integridad y la higiene de los somas en toda pareja evolutiva que se precie de tal.

Sexosoma. Lo más importante para el compañero o compañera de la pareja evolutiva, respecto a la sexualidad conjunta, es la manutención sana, exclusiva, sin promiscuidad, del propio sexosoma (sexochakra) del compañero o de la compañera.

Insatisfacción. A veces es difícil mantener hasta una buena pareja evolutiva, funcional y fructífera, por ejemplo, con un compañero del tipo *casado de ojos solteros.*

Monogamia. En vista de la libertad afectiva, sexual y social de Occidente, se vuelve impracticable la relación duradera de un par amoroso o de una pareja sin fidelidad explícita y recíproca, asentada, si es posible, en una condición de monogamia buscada con transparencia.

Constancia. En una evaluación autocrítica, vale el esfuerzo del compañero (o la compañera) de la pareja evolutiva hacer una pregunta relevante: ¿Cuáles son mis relaciones afectivas puras en relación a la *constancia monogámica evolucionada* (pareja evolutiva) y la *inconstancia poligámica inmadura* (divorcios, venganzas, separaciones)?

Polución. Cualquier desliz sexual hoy, constituye corrupción anticosmoética y polución sexual de consecuencias imprevisibles, a la vista del *flirteo,* la antivirginidad, la semivirginidad, el herpes sin cura y la peste mortífera del *Aids* -la mayor epidemia humana- propagándose por todas partes. Pero, seamos optimistas, nosotros vamos a sobrevivir al *Aids.*

Status. La atmósfera de la Socín está apestada por el clima interconciencial, afectivo y sexual, de permanente prostitución libre, generalizada, casi establecida sobre la base del *status* social, tanto para la mujer como para el hombre, a pesar de las píldoras y los *condones.*

Imposición. La exclusividad del *sexosoma* y de la *higiene* sexual de los compañeros se impone como valores por delante de todos los valores intrafísicos, dentro de la convivencia sana.

ECs. Lo más difícil, actualmente, es encontrar, identificar, y aún más relevante, *preservar y mantener* un pene y una vagina sin polución física. Y hay un *además* aún peor: la polución energética o de las energías concienciales (ECs) extrafísicas de esos órganos sexuales.

Principio. La pareja evolutiva ha de partir del principio de la dificultad práctica de la *división sexual* de un pene o de una vagina para 2 o más, o sea: el compartir con alguien los órganos sexuales del compañero o compañera, energizados por él o ella.

Valores. Tenemos que reconocer con todo realismo, que un pene o una vagina *asediados*, o energizados por otras concines o conciexes enfermas, pierden completamente sus valores funcionales. Y eso independientemente de sus otros valores intrínsecos, cosmoéticos, connotaciones relativas a los celos, reclamos de posesividad y otras consideraciones que, en este caso, se vuelven completamente secundarias.

Reflexiones. Reflexiones de carácter realista, iguales a esta, son útiles y más frecuentes para la pareja evolutiva que se precie de tal y desee mantener el desarrollo de su evolutividad, en la ejecución de su *proexis de a dos*.

EN UN CLIMA DE PERMISIVIDAD SOCIAL, ES INSUSTENTABLE UN AMOR DURADERO, DE A DOS, SIN SEXUALIDAD EXCLUSIVA.

confiabilidad. El sexo de la pareja evolutiva ha de ser especial, distinto, específico, singular, *depurado*, privativo, exclusivo y con todas las demás características personalísimas posibles (*diálogo íntimo* y otras) a fin de mantenerse confiable y duradero. De ahí el por qué debe ser analizada hasta la infidelidad consentida en casos extremos.

Sabiduría. Toda concín de coeficiente intelectual (QI) medio sabe muy bien que hacer con el sexo, pero tan solo lo *trivial invariable*: la fuerza espontánea de la propia naturaleza humana (instinto).

EL AUTOCONOCIMIENTO ES INDISPENSABLE EN LA DINAMIZACIÓN DE LA EVOLUCIÓN CONCIENCIAL Y DEBE ABARCAR COMPLETAMENTE LA HOLOSOMÁTICA.

holosomática. La holosomática, para nosotros concines, comienza por el soma.

Relación. Hay 3 consideraciones técnicas referidas a la relación sexo/holosoma/conciencia:

1. Existencia.

2. Independencia.

3. Inexistencia.

Consideraciones. Hay 6 consideraciones fundamentales relativas al sexo dentro de las investigaciones de la sexosomática:

1. **Soma.** El soma existe a partir del sexo.

2. **Sexo.** Solamente existe, de hecho, el sexo funcionante en el soma.

3. **Psicosoma.** El psicosoma y el mentalsoma, por ejemplo, no dependen del sexo.

4. **Conciencia.** La conciencia, en sí, no tiene sexo.

5. **Voluntad.** Sin embargo, el principal órgano sexual es la voluntad.

6. **ECs.** El soma y el sexo son mantenidos por las ECs, o energías concienciales (voluntad).

EV. Sin el autodominio de las ECs, a partir de EV, o estado vibracional, es difícil sino impracticable, para cualquier concín, alcanzar un elevado nivel de autoconocimiento.

Instinto. Cada concín tiene su soma y su *instinto sexual básico*. Este precisa ser descubierto, identificado y autodefinido, a fin de que ella - solo entonces - alcance la condición tranquila de la madurez sexual, infraestructura esencial de su autoconocimiento.

Definición. Antes de buscar formar una pareja evolutiva, la concín, hombre o mujer, precisa definir su instinto sexual básico, personal.

Conductas. El descubrimiento, identificación y definición real de su instinto sexual básico, en la condición de concín, sucede por opción o elección personal, inevitable, de su conducta sexual, *patrón* entre 4 conductas sexuales en la vida intrafísica, práctica, diaria:

1. Masturbación. La sexualidad humana a través de la masturbación es el sexo consigo mismo; el placer solitario, natural, para alcanzar el autoconocimiento del soma.

Conducta-excepción. La masturbación es una *conducta-excepción fisiológica*, una práctica compensadora que alcanza a todos: chicos (*paja*) y chicas (*frotación*), hombres y mujeres.

Emergencia. Por ser de emergencia, la masturbación solo se vuelve patológica cuando actúa como conducta-patrón para el resto de la vida intrafísica, en el universo de la sexualidad de una persona humana.

EL ACOPLAMIENTO ÁURICO *FUNCIONA MUCHO MEJOR FISIOLÓGICAMENTE, ENTRE UN ANDROSOMA Y UN GINOSOMA.*

2. bestialidad. La sexualidad humana mal resuelta con un ser subhumano. Técnicamente, la bestialidad es una aberración o morbidez, o sea: la elección, en la condición de compañera, por ejemplo, de una *yegua cachorra* que hace el hombre; o en la condición de compañero, del *perro corpulento* (molosos) que hace la mujer.

Ectopia. La bestialidad, además de ser una ectopía sexual aberrante, es siempre una *conducta-excepción patológica* o mórbida en el universo de la sexualidad humana.

3. Homogenitalismo. La sexualidad humana con alguien del mismo sexo. Puede ser de 2 categorías: la homosexualidad (homoerotismo) del hombre o el lesbianismo de la mujer. Es una *conducta excepción antifisiológica,* esporádica, por ejemplo, del bisexual.

Conducta-patrón. La homosexualidad solo puede ser considerada patológica cuando se vuelve una conducta-patrón, por ser una *ectopia sexual,* condición que *fuerza* la anatomía y la fisiología dentro del universo de la sexualidad humana.

Instinto. Lejos está de este autor oponerse a la unión de concines del mismo sexo. La persona debe asumir el instinto sexual básico con el cual sobrevive físicamente o se siente mejor.

Libertad. Cada ser social tiene el derecho de disponer de libertad total en sus manifestaciones, mientras que no embista contra los derechos concienciales de las otras personas y respete también la libertad de los otros sin asedios ni manipulaciones (militancia, activismo).

Ideal. Lógica y racionalmente, un *casamiento de 2 gays*, por ejemplo, no compone la pareja evolutiva ideal y se vuelve menos ideal aún, cuando los compañeros homosexuales llegan hasta a adoptar niños en la condición de hijos, una condición de retroceso evolutivo ante los principios avanzados de las gestaciones concienciales.

4.   **Heterosexualismo.** La sexualidad humana con alguien de otro sexo; la heterosexualidad o heteroerotismo.

Fisiología. Es una *conducta-patrón fisiológica*, la única propia, o ideal, para constituir y mantener la pareja evolutiva sana dentro de las premisas de la Concienciología.

Prospecto. Evitemos pelear contra los hechos. En el caso del heterosexualismo, la concín se ajusta mejor y sigue apropiadamente las prescripciones o *instrucciones de uso* inteligente del *prospecto* químico, físico, biológico, fisiológico y anatómico del propio soma. Es el mejor ajuste maduro a la naturaleza del animal-hombre o animal-mujer.

LA CONDICIÓN DE LA HETEROSEXUALIDAD ES LA CONDUCTA-PATRÓN, FISIOLÓGICA, DE LA SEXUALIDAD DEL HOMBRE Y DE LA MUJER.

Sexólico. La heterosexualidad se vuelve mórbida o patológica en el caso del *sexólico* - el amante, hombre, insaciable, víctima de la satiriasis o hipersexualidad - o en el caso de la mujer ninfomaníaca, devoradora de hombres.

Test. ¿Usted ya definió cuál es su instinto sexual básico dentro del universo de su sexualidad?

Intimidad. La condición de la pareja íntima en la Socín merece un estudio cuidadoso, especialmente en lo que se refiere a las mujeres y en favor de ellas mismas.

Experiencia. El nivel de experiencia intrafísica de la concín cuando es joven, todavía inmersa en el *sótano conciencial*, tiende siempre a ser muy bajo.

Recato. El nivel de recato y autopreservación afectiva de la joven moderna tiende a ser bajo. No es lo mejor para ella misma.

CON LIBERTAD TOTAL, 1 SOLO HOMBRE PODRÍA INSEMINAR 1.000 MUJERES EN 1 SOLA VIDA. EL MACHISMO ES ENFERMEDAD.

sinceridad. El tenor de la sinceridad, monogamia, credibilidad y confiabilidad de la mujer joven, aún es también tendiente a ser bajo en función de la liberalidad y permisividad social moderna. En muchas Socines, excesivas.

Hipocresía. El *Homo theatralis* más convincente es el que cree ser su interpretación real. La *hipocresía* no es la ideal en el *nido de amor*.

Predisposición. El acto de alguien predisponer, anticosmoética y indirectamente, una situación afectiva insostenible contra la mujer joven es más fácil de ejecutar, que contra la mujer madura y experimentada. En este punto vale observar el *flirteo*.

Aventura. La vocación por la aventura emocional de la joven inexperta puede destruir su gran amor romántico (pareja evolutiva) de *una vez* en la vida humana.

Fragilidad. La condición de pareja íntima fragiliza mucho más a la mujer que al hombre, en lo que respecta a la relación amorosa pura.

Megasinceridad. De ahí el por qué la megasinceridad de la mujer está en su confesión franca respecto a las parejas íntimas que compone o compuso en su existencia actual.

Sustentación. El amor romántico puro solo se sustenta en una atmósfera de sinceridad mutua y de apoyo de toda condición de la pareja evolutiva duradera.

Confesión. Debido a sus complejos y recalques femeninos, generados en forma atávica a través de los siglos por las presiones del hombre machista, la mujer común es capaz de hacer las confesiones más íntimas a su rival afectiva, evitando siempre crear el ambiente adecuado para hacérselas al hombre que más ama.

Complicidad. La *complicidad de la alcoba* del compañero que compuso otra pareja íntima, antigua o anterior - miradas, risas e insinuaciones cómplices dentro de la Socín - puede destruir su relación romántica y pura actual. La *promiscuidad* es peor para la mujer.

Convivialidad. La convivencia afectiva se vuelve frágil y vulnerable cuando es forzada por las circunstancias socioculturales, habiendo una *complicidad de alcoba* subyacente.

UN ACTO SEXUAL COMPLETO DE CONSECUENCIAS PROCREATIVAS PUEDE SER REALIZADO POR UNA PAREJA EN APENAS 15 MINUTOS.

amorcito. El sexo de emergencia es el llamado *little love, amorcito,* o 1 *cana al aire rapidita.*

Clima. La oportunidad, el *clima* y los mandatos que predisponen al amor más puro pueden ser forzados por las concines rivales afectivas, mujeres u hombres.

Destrucción. De ahí el por qué toda la costosa defensa de una vida intensamente romántica en pareja evolutiva - en la *primener del amor* - puede ser totalmente destruida en apenas 15 minutos de sexo, en un rincón de un cuarto sin confort y hasta sin luz.

Fidelidad. La verdadera fidelidad interconciencial abarca todo el microuniverso de la concín, sea cual fuere el contexto de su vida intrafísica.

Imagen. La concín entroniza la imagen permanente de su compañero, o compañera, sus atributos concienciales, incluyendo el amplio universo de su imaginación.

Imaginación. La verdadera fidelidad comparece y se hace presente con la imagen de la otra concín, en todas las fantasías sexuales de quien centraliza su imaginación en el objeto de su afectividad. Es un estado de acoplamiento áurico sano y permanente.

Masturbación. Lo mismo sucede en la masturbación más solitaria, sin evocaciones anticosmoéticas, salvo cuando la persona se concentra en la imagen de otra, a la distancia.

Socorro. Las ECs de una concín pueden socorrer a la concín afectivamente carente, a la distancia, porque las energías de la conciencia se manifiestan más allá del tiempo y del espacio.

PCCs. Hasta incluso las PCCs, proyecciones conscientes conjuntas, funcionan mejor y evolucionan con la pareja si existe ese nivel elevado de fidelidad recíproca.

UNA CONDICIÓN DE LAS MÁS DIFÍCILES DE SER ABORDADA Y VIVENCIADA POR LA PAREJA EVOLUTIVA ES LA INFIDELIDAD CONSENTIDA.

cuadro. Cualquiera que sea, la infidelidad surge como algo intrusivo dentro de ese cuadro de armonía energética y cohesión afectiva, necesario para la convivencia de la pareja evolutiva.

Infidelidad. La infidelidad por parte del hombre y de la mujer, debe ser evitada dentro del universo de la pareja evolutiva, en por lo menos 4 de sus categorías:

1. Infidelidad sexual (sexosoma).
2. Infidelidad emocional (psicosoma).
3. Infidelidad psicológica (mentalsoma, pensenología).
4. Infidelidad financiera (económico-financiera).

EL HOMO DEBILIS (HOMBRE O MUJER) TIENE EN LAS AUTOCORRUPCIONES SUS DEBILIDADES MÁS PERNICIOSAS.

mentalsomática. Si fuera a seguir solamente los instintos de su soma, toda concín -hombre o mujer- seria solo un animal esencialmente infiel, siempre, ininterrumpidamente, todo el tiempo, sin excepción. De ahí el valor del discernimiento del mentalsoma que transfigura nuestras emociones primitivas en sentimientos elevados (exultaciones, fulguraciones).

Fecundación. La fecundación hecha por un hombre en una mujer, puede traer consecuencias inevitables, por un largo período de tiempo, dentro del universo de la vida intrafísica para la pareja evolutiva, a modo de estas 11:

1. Aborto espontáneo.

2. Aborto provocado.

3. Alteraciones sistémicas del soma.

4. Casamiento.

5. Compromisos personales por toda una generación.

6. Agotamiento de los órganos del soma.

7. Nacimiento de hijo o hija.

8. Muerte durante el parto.

9. Problemas económicos.

10. Realización femenina.

11. Realización masculina.

Integraciones. Cuanto más joven es la concín, chico o chica, mayor es su dificultad de vivir fiel al compañero, debido a sus instintos exacerbados; sus manifestaciones sexuales efímeras, pero apremiantes e instantáneas; y de ansiedades por las cosas nuevas que encuentra en su nueva existencia intrafísica actual, incluyendo las personas que viene a conocer, *muy interesantes* y seductoras.

HOY ESTAMOS BUSCANDO EVOLUCIONAR DE LA INTEGRACIÓN COLECTIVA INTRAFÍSICA *A LA INTEGRACIÓN COLECTIVA* MULTIDIMENSIONAL.

afinidad. De ahí el por qué la infidelidad relativa y consentida de las concines, dentro de una pareja evolutiva, tiene todavía más razón para ocurrir y es mejor considerarla seriamente cuanto más afinizada esté la pareja, a fin de mantener el equilibrio de la afectividad pura.

Certeza. La infidelidad consentida y mutua ha de ser, por lo tanto, sincera, auténtica, franca, con certeza personal, olvido real de los hechos que vendrán y el *perdón anticipado* de los actos futuros, si no, jamás funcionará.

Alternativas. Lógicamente, solo debe tratar una infidelidad consentida quien tiene certeza de lo que hace, sin ninguna duda personal al respecto, y solamente frente a las circunstancias de la vida intrafísica que no brindan otra alternativa o solución.

Diario. Como ya fue afirmado antes, la sexosomática recomienda la práctica del sexo diario de los compañeros de la pareja evolutiva teniendo en vista la homeostasis del holochakra, el paracuerpo de las energías concienciales, cuando empleado sin ninguna posibilidad de carencias afectivo-sexuales.

Pseudocerebro. La evitación de la condición subhumana, primitiva, intrusiva, esclavizante, monopolizadora y vulnerable del subcerebro o pseudocerebro abdominal, umbilical u holochakral, presenta particular relevancia para el desarrollo de la pareja evolutiva.

Conciencia. La conciencia, como ya fue expuesto, no tiene sexo; sin embargo, el soma es generado y mantenido por el sexo.

Sinapsis. Las diferencias cerebrales entre el hombre y la mujer se deben más a las diferencias neuronales y sinápticas, adquiridas en el soma actual por intermedio de la genética y de la mesología.

Cerebro. En rigor, no existe ningún órgano específico, que actúe exclusivamente en función del sexo de la concín dentro o junto al cerebro humano, ni siquiera la glándula pineal.

Subcerebro. No ocurre lo mismo con el subcerebro abdominal, el *regurgitador emocional de los instintos* y la sede parapatológica del sótano conciencial.

Ombligo. El subcerebro abdominal mantiene el microuniverso conciencial en el ombligo y hace a la concín con hipoacuidad vivir alrededor y en función de su propio ombligo (*ombligón*).

Sótano. Por ejemplo, el sótano conciencial de la mujer adulta es ovariano y uterino.

Mujer. El subcerebro abdominal sexual de la mujer difiere del hombre principalmente debido a los 2 ovarios (estrógeno, óvulos), el útero (maternidad, feto), sus funciones y repercusiones energéticas, sujeciones instintivas y emocionales.

Hombre. El subcerebro abdominal sexual del hombre difiere del de la mujer, principalmente debido a los 2 testículos (testosterona, espermatozoides), sus funciones y repercusiones energéticas, sujeciones instintivas y emocionales.

Similitudes. El subcerebro abdominal sexual de ambos - el hombre y la mujer - sufre 3 tipos de influencias diferentes, aunque de líneas de actuación similares:

Sexochakra. Sufre las influencias del propio sexo específico porque el sexosoma de cada uno varía en sus manifestaciones y seducciones sexochakrales.

Diafragma. Sufre las influencias de la respiración porque, por ejemplo, la frecuencia respiratoria de la mujer es influenciada más por el diafragma que en el caso del hombre.

Perineo. Todo eso hace suponer también que el sexochakra - actuante a partir del perineo - sea bien diferente en sus funciones energéticas cuando las variables de las energías concienciales se refieren al hombre (androsoma, 2 tipos de orgasmos) o a la mujer (ginosoma, 3 tipos de orgasmos).

Antidiscernimiento. La pensenidad derivada directamente del subcerebro abdominal, en general, se caracteriza por la irracionalidad, el *anti*discernimiento y la baja autoestima que acaban generando las actitudes antiproexis de la *concín de media-confección*.

Ectopía. La pensenidad generada a partir del subcerebro abdominal es una conducta-excepción o una ectopía conciencial o mentalsomática, grave y endémica en la humanidad.

Sexolismo. El subcerebro abdominal es el responsable del *encogimiento del cerebro natural*, de los subpensenes (*enes*) y de la condición de la concín sexólica de las parejas estancadas en su evolución.

Androsoma. En la constitución de una pareja evolutiva con bases sólidas, el proceso del soma alcanza mucho más al hombre (androsoma), porque él llega al amor puro a través del sexo, al revés de la mujer, que llega al sexo a través del amor romántico.

Ginosomas. Para que el hombre alcance el funcionamiento de su sexualidad madura e ideal, precisa observar y considerar 3 categorías de ginosomas:

1. Ginochakral. El ginosoma con predominio de la esencia energética del ginochakra, o femineidad espontánea que caracteriza a la mujer-hembra, *sexy*.

2. Estético. El ginosoma con predominio de la moldura estética del soma, o belleza física razonable de la mujer, su *tipo* para la condición de compañera o soporte sexual.

3. Funcional. El ginosoma con la esencia energética del ginochakra (*sexy*) y, al mismo tiempo, la moldura estética del soma con alto nivel de funcionalidad sexual (fisiología humana).

Ideal. Esta última categoría, la más rara de encontrar, es la ideal para la constitución de una pareja evolutiva duradera, desde el punto de vista del abordaje sexual.

**NO EXISTE EL HOMBRE IDEAL.
LAS MUJERES QUE VIVEN
EN BUSCA DEL HOMBRE IDEAL
SIEMPRE TERMINAN SOLAS.**

cama. La cama no es lugar para ceremonias. Jamás deje el sexo como la última cosa a realizar en el día, cuando ambos están cansados.

Preocupaciones. No lleve sus preocupaciones a la sesión sexual. Busque concentrarse en el acto sexual. La alcoba energéticamente blindada no es lugar para discusiones.

Anticonceptivos. La salpingectomía, enlazado o ligadura de las trompas es la esterilización irreversible de la mujer, un método condenado de castración y mutilación que solamente debe ser empleado como último recurso de terapia, sin otra alternativa.

Deferentectomía. Del mismo modo se debe evitar la deferentectomía (vasectomía), esterilización del hombre, y el diu, un cuerpo extraño implantado en el útero (mujer).

Objetividad. Los hechos concienciales en la existencia material son extremandamente fríos, objetivos y definidos sin términos medios.

Instinto. En la faz de la Tierra, una de las más bellas realidades intrafísicas que existe es el instinto afectivo-sexual de la mujer, un atributo del ginosoma: las energías vigorosas de su sexochakra, su *poder coleante* o *serpenteante* de donación y absorción.

Deficiente. Debemos recordar que el clítoris es el único órgano que existe únicamente para el placer. El hombre es un ser humano *deficiente clitoridiano*.

Homosexualidad. Lamentablemente, el homosexual no consigue apreciar ni disfrutar esa realidad impar, sana, ni directamente en la condición de mujer cuando es lesbiana, ni indirectamente (por ende) en la condición viril, o no, de hombre.

40. PAREJA EVOLUTIVA Y SOMÁTICA

Somática. La somática es la especialidad de la Concienciología que estudia el soma o cuerpo humano dentro del holosoma, o en relación a los otros vehículos de manifestación de la conciencia, en su evolución multidimensional.

Somas. Quien se interesa por la investigación del soma, tiene que estudiar irrecusablemente, por lo menos, el ginosoma (de la mujer) y el androsoma (del hombre), además de los macrosomas, incluyendo ahí a los compañeros de la pareja evolutiva.

TANTO EL ANDROSOMA COMO EL GINOSOMA SON INSTRUMENTOS INDISPENSABLES PARA LA PAREJA EVOLUTIVA NATURAL O HETEROSEXUAL.

hombre. En la gestación conciencial de la pareja evolutiva, el hombre es el *padre de las ideas libertarias.*

Mujer. En la gestación conciencial de la pareja evolutiva, la mujer es la *madre de las ideas libertarias.*

Cinta. En los mínimos abordajes de la vida intrafísica a partir del soma, la pareja evolutiva ha de considerar los derechos de cada uno, sin la *rivalidad androsoma-ginosoma.* He aquí un ejemplo simple, más esclarecedor: lo mejor para la integración de ambos es que un compañero use la cinta ergonométrica un día y el otro compañero al día siguiente, alternadamente.

Parapsiquismo. Es importante informar aquí que la cinta hace vibrar todo el soma a partir de la *prekundalini.* Este hecho desencadena las vibraciones conocidas de trance parapsíquico.

Sexualidad. También las vibraciones de la cinta ergonométrica incrementan la excitabilidad sexual, al igual que los martilleos de los masajes clásicos en los chakras plantales de la acupuntura china. En este punto, la cinta colabora efectivamente con la vida sexual normal de la pareja evolutiva.

Teoría. En relación a la formación y éxito de la vivencia humana en pareja, este autor propone aquí la teoría de la *homopensenidad predeterminada de a dos*, voluntaria, lúcida, basada en los homopensenes y en el inseparable *binomio restricciones-realizaciones*, relativas a las vivencias de cada compañero de la pareja evolutiva.

Ventajas. En teoría, las ventajas de la elección de vivir en la condición de pareja evolutiva, pueden ser racionalmente contrastadas por las *realizaciones sanas*, enriquecedoras y conjuntas, numerosas y, a menudo, superpotencializadoras de la evolución consciente, ejecutables por cualquier concín-compañera motivada, en oposición a las *restricciones sanas*, impuestas por la propia vida, inevitables y actuantes en sus iniciativas en conjunto.

Conquistas. Veamos primero, las conquistas individuales, por separado, con restricciones propias de la pareja evolutiva, y más adelante, las realizaciones, hechos o *conquistas de a dos*, realizables en la pareja evolutiva.

Restricciones. Sin dudas, hay realizaciones sanas de las verdades relativas de punta de la Concienciología, hasta incluso independientemente del aspecto cosmoético, *prohibidas para la vivencia conjunta de los compañeros de la pareja evolutiva*, impracticables al mismo tiempo, o con el empleo simultáneo del androsoma y del ginosoma, por ejemplo, entre otras, estas 45:

1. La aplicación de autodiagnósticos.
2. La autocomprensión de las verdades relativas de punta.
3. La autoliberación del sótano conciencial.
4. La autovivencia del fenómeno de paranestesia.
5. La composición de parejas incompletas en la Socín.
6. La conquista de la autoconfianza.
7. La conquista de la autoincorruptibilidad (cosmoética).
8. La conquista de la condición autoimperdonadora.
9. La conquista de la tridotación intraconciencial.
10. La conquista del autoconocimiento (autoevaluación).

11. La dinamización de la autoorganización evolutiva.

12. La ejecución del reciclaje intraconciencial (recín).

13. La expansión de las autodefensas (autochequeos) energéticas personales.

14. La experiencia de la soltura del propio holochakra.

15. La experiencia personalísima del fenómeno de la autoscopía proyectiva externa.

16. La identificación y empleo de la señalética energética personal de identificación y empleo singular e indiscutible.

17. La lucha íntima, ininterrumpida, megatrafores/megatrafares.

18. La manutención de la autocoherencia.

19. La manutención de la homeostasis holosomática.

20. La manutención de una agenda personal intra y extrafísica relativa a las manifestaciones pensénicas de la cotidianeidad.

21. La manutención de una ofiex (siempre personal).

22. La manutención de un saldo holokármico positivo.

23. La mejora de la autocrítica (autoimagen, amor propio) contra los patopensenes.

24. La mejora del autodesempeño evolutivo.

25. La práctica de la inmovilidad física, vigil y personal.

26. La producción de autoproyecciones concienciales lúcidas.

27. Las autocompensaciones bioenergéticas (autocuras).

28. Las prácticas diarias de la teneper (siempre personal).

29. La vivencia contínua del autodidactismo.

30. La vivencia de las autoomisiones superavitarias.

31. La vivencia de las autoretrocogniciones sanas (holobiografía personal multimilenar y multiexistencial).

32. La vivencia de innumerables fenómenos intraconcienciales en la esencia del microuniverso de la concín.

33. La vivencia del binomio apego/desapego.

34. La vivencia extrafísica del fenómeno de la autobilocación conciencial, personalísimo e intransferible.

35. La vivencia magna del autodiscernimiento.

36. El acceso práctico a la holomemoria personal.

37. El perfeccionamiento de la autoconcentración reflexiva.

38. El perfeccionamiento indispensable de los autopensenes.

39. El autodominio razonable del estado vibracional.

40. La mejora del autocontrol.

41. El desarrollo de las autoayudas.

42. El empleo autoconsciente de un macrosoma.

43. El empleo correcto del poder de autodeterminación.

44. El empleo útil de la paragenética personal (ideas innatas, carisma, estilo personal).

45. El ejercicio personal de la pangrafía.

Individuales. Como se observa, irrecusablemente, estos hechos, en su esencia, más subjetivos, son personales, intransferibles, de uno solo de los compañeros de la pareja evolutiva monogámica, sea el hombre o la mujer.

Hechos. Sin embargo, con relación al hombre o a la mujer específicamente, uno de los aspectos prácticos más relevantes de la pareja evolutiva es justamente lo que pueden hacer o vivenciar evolutivamente las 2 concines-compañeras juntas, al mismo tiempo, en el mismo lugar, hechos, hazañas, conquistas o emprendimientos que se constatan fácilmente a través de la consulta del texto de este libro (V. Índice Remisivo).

Realizaciones. He aquí como ejemplo, en orden alfabético, entre otras, 60 potencialidades, realizaciones, ejecuciones, emprendimientos realizables o vivencias mutuas, sanas, alcanzadas por la pareja evolutiva en su evolución conciencial, en la *vida intra y extrafísica de a dos (universo dual)*, conductas-excepciones sanas con sus somas, holochakras, psicosomas y mentalsomas cuando están conjugados:

1. Acoplamientos áuricos profilácticos de a dos.

2. Asistencias intraconcienciales de a dos.

3. Mayoreo conciencial ejercido de a dos.

4. Acto de *permanecer solo* de a dos.

5. Complexis alcanzados en décadas de a dos.

6. Concienciograma consultado de a dos.

7. Concientización multidimensional de a dos.

8. Correcciones de errores y omisiones deficitarias de a dos.

9. Cosmoética vivida de a dos (incorruptibilidad).

10. Crecimiento evolutivo desarrollado de a dos.

11. Desperticidad productiva y usufructuada de a dos.

12. Dimener alcanzada con lucidez de a dos.

13. Docencia concienciológica ejercida de a dos.

14. Encapsulamientos concienciales, saludables, de a dos.

15. Enfermería ejercida (mutuamente) de a dos.

16. Epicentrismo autoconsciente vivido de a dos.

17. Estados vibracionales, simultáneos, de a dos.

18. Euforias extrafísicas, proyectivas, de a dos.

19. Euforias intrafísicas disfrutadas de a dos.

20. Expansión de las energías concienciales (ECs) de a dos.

21. Gestaciones concienciales de a dos (conductas-excepción).

22. Grupalidad evolutiva y lúcida de a dos.

23. Heteroevaluaciones concienciales (mutuas) de a dos.

24. Holopensene cosmoético construido de a dos.

25. Holorgasmos conjuntos y simultáneos de a dos.

26. Homeostasis holosomática mantenida de a dos.

27. Intercooperación evolutiva en la vida humana de a dos.

28. Invexis aceptadas y realizadas de a dos.

29. Ocio con motivación y trabajo constructivo de a dos.

30. Libertad máxima vivida de a dos en la Socín.

31. *Minimuertes temporarias* vividas de a dos (proyecciones).

32. Morexis simultáneas obtenidas de a dos en el mismo período.

33. Parapsiquismo desarrollado y ejercido de a dos.

34. Pensenizaciones cosmoéticas de a dos (homopensenidad).

35. Investigaciones concienciológicas participativas de a dos.

36. Polikarmalidad buscada y vivida de a dos.

37. Primaveras energéticas usufructuadas de a dos.

38. Proexis ejecutadas y ejemplificadas de a dos.

39. Profesión semejante ejercida de a dos.

40. Proyecciones conscientes conjuntas de a dos.

41. *Proyectarium* construido y empleado de a dos.

42. Recexis analizadas y desarrolladas de a dos.

43. Recuperaciones simultáneas de cons de a dos.

44. Régimen coexistencial de a dos (cohabitación armónica).

45. Responsabilidad personal y conjunta de a dos.

46. Retomadas ideológicas de a dos (recexis).

47. Retrocogniciones proyectivas (grupales) de a dos.

48. Relevos concienciales de a dos.

49. Simbiosis energéticas (interfusiones) de a dos.

50. Socialismo evolutivo y vivido de a dos.

51. Tares vividas, día y noche, de a dos.

52. Teáticas concienciológicas de a dos.

53. Telepatía habitual, entre sí, de a dos.

54. Trabajos caseros, *homemades* de a dos.

55. Trinomio motivación-trabajo-placer vivido de a dos.

56. Verbacciones intrafísicas en la cotidianeidad de a dos.

57. Vida diuturna afectivo-sexual de a dos.

58. Vínculos concienciales ejemplificados de a dos.

59. Vivencias humanas evolutivas de a dos.

60. Volitaciones lúcidas experimentadas de a dos.

Test. ¿Usted, lector o lectora, ya alcanzó cuántas y cuáles conquistas de esta lista, con su compañero de pareja evolutiva?

Augurios. A todos los experimentadores y experimentadoras, este autor les presenta sus mejores augurios, deseando el más amplio éxito en la ejecución y vivencia plena de cada uno de estos emprendimientos, evolutivamente libertarios de las conciencias, a través del *doblete cosmoético*, o la hoy popular "pareja evolutiva", una teática bien diferente al casamiento convencional y propuesta, en Brasil, desde 1970.

REFERENCIAS BIBLIOGRÁFICAS

1. **VIEIRA,** Waldo; *100 Testes da Conscienciometria*; 232 p; 100 caps; 14 refs; 21x14cm;br; 1ª edição; Rio de Janeiro, RJ; Instituto Internacional de Projeciologia e Conscienciologia;1997. (Edição em Português: ISBN 85.86019.26.7).

2. **IDEM**; *Conscienciograma: Técnica de Avaliação da Consciência Integral*; 344 p.; 100 folhas de avaliação; 2.000 itens; 4 índices; 11enu.; 7 refs.; glos. 282 termos; 150 abrev.; alf.; 21 x 14 cm; br.; 1ª. edição; Rio de Janeiro, RJ; Instituto Internacional de Projeciologia; 1996. (Edições em Português: ISBN 85.86019.15.1; Espanhol: ISBN 85.86019.20.8).

3. **IDEM**; *200 Teáticas da Conscienciologia*; 260 p.; 200 caps.; 13 refs.; alf.; 21 x 14 cm; br.; 1ª. edição; Rio de Janeiro, RJ; Instituto Internacional de Projeciologia e Conscienciologia; 1997. (Edição em Português: ISBN 85.86019.24.0).

4. **IDEM**; *Manual da Proéxis: Programação Existencial*; 164 p.; 40 caps.; 10 refs.; alf.; 21 x 14 cm; br.; 1ª. edição; Rio de Janeiro, RJ; Instituto Internacional de Projeciologia e Conscienciologia; 1997. (Edições em Português: ISBN 85.86019.19.4; Inglês: ISBN 85.86019.18.6).

5. **IDEM**; *Manual da Tenepes: Tarefa Energética Pessoal*; 138 p.; 34 caps.; 5 refs.; glos. 282 termos; 147 abrev.; alf.; 21 x 14 cm; br.; 1ª. edição; Rio de Janeiro, RJ; Instituto Internacional de Projeciologia; 1995. (Edições em Português: ISBN 85.86019.07.0; Espanhol: ISBN 85.86019.17.8; Inglês: ISBN 85.86019.16.X).

6. **IDEM**; *Manual de Redação da Conscienciologia*; 272 p.; 21 x 28 cm; 1ª. edição; Rio de Janeiro, RJ; Instituto Internacional de Projeciologia e Conscienciologia; 1997. (Edição em Português: ISBN 85.86019.22.4).

7. **IDEM**; *Máximas da Conscienciologia*; 164 p.; 150 ilus.; 450 minifrases; 10 x 15 cm; 1ª. edição; Rio de Janeiro, RJ; Instituto Internacional de Projeciologia; 1996. (Edição em Português: ISBN 85.86019.12.7).

8. **IDEM**; *Minidefinições Conscienciais*;164 p.; 150 ilus.; 450 minifrases; 10 x 15 cm; 1ª. edição; Rio de Janeiro, RJ; Instituto Internacional de Projeciologia; 1996. (Edição em Português: ISBN 85.86019.14.3).

9. **IDEM**; *Miniglossário da Conscienciologia*; 57 p.; 17 x 11 cm; Espiral; 1ª. edição; Rio de Janeiro, RJ; Instituto Internacional de Projeciologia; 1992. (Edições em Português, Espanhol e Inglês).

10. **IDEM**; *A Natureza Ensina*;164 p.; 150 ilus.; 450 minifrases; 10 x 15 cm; 1ª. edição; Rio de Janeiro, RJ; Instituto Internacional de Projeciologia; 1996. (Edição em Português: ISBN 85.86019.13.5).

11. **IDEM**; *Nossa Evolução*; 168 p.; 15 caps.; 6 refs.; glos. 282 termos;149 abrev.; alf.; 21 X 14 cm; br.; 1ª. edição; Rio de Janeiro, RJ; Instituto Internacional de Projeciologia; 1996. (Edições em Português: ISBN 85.86019.08.9; Espanhol: ISBN 85.86019.21.6).

12. **IDEM**; *O Que é a Conscienciologia*; 180p.; 100 caps.; 3 refs.; glos. 280 termos; alf.; 21 x 14 cm; br.; 1ª. edição; Rio de Janeiro, RJ; Instituto Internacional de Projeciologia; 1994. (Edição em Português: ISBN 85.86019.03.8).

13. **IDEM**; *Projeciologia: Panorama das Experiências da Consciência Fora do Corpo Humano*; XXVIII + 900 p.; 475 caps.; 40 ilus.; 1907 refs.; glos.15 termos; 58 abrev.; ono; geo; alf.;27x18,5x5 cm; enc.; 1ª. edição; Londrina; Paraná; Brasil; Livraria e Editora Universalista;1990. (Edición en portugués).

14. **IDEM**; *Projeções da Consciência: Diário de Experiências Fora do Corpo Físico*; 224 p.; glos. 25 termos; alf.; 21 x 14 cm; br.; 4ª. edição revisada; Rio de Janeiro, RJ; Instituto Internacional de Projeciologia; 1992. (Edições em Português: ISBN 85.86019.04.6; Espanhol: ISBN 85.86019.02.X; Inglês: ISBN 85.86019.01.1).

15. **IDEM**; *700 Experimentos da Conscienciologia*; 1058 p.; 700 caps.; 300 testes; 8 índices; 2 tabs.; 600 enu.; ono.; 5.116 refs.; geo.; glos. 280 termos; 147 abrev.; alf.; 28,5 x 21,5 x 7 cm; enc.; 1ª. edição; Rio de Janeiro, RJ; Instituto Internacional de Projeciologia; 1994. (Edição em Português: ISBN 85.86019.05.4).

16. **IDEM**; *Temas da Conscienciologia*; 232 p.; 90 caps.; 16 refs.; alf.; 21 X 14 cm; br.; 1ª. edição; Rio de Janeiro, RJ; Instituto Internacional de Projeciologia e Conscienciologia; 1997. (Edição em Português: ISBN 85.86019.28.3).

ÍNDICE REMISIVO

Observaciones. Los números indican las páginas. Cuando hay más de un número de página, lo que está en itálica apunta a la principal referencia.

COGNÓPOLIS, LA CIUDAD DEL CONOCIMIENTO

Cognópolis, Ciudad del Conocimiento, barrio que fue creado en el año 2009, en el Municipio de *Foz do Iguaçu*, Paraná, Brasil, donde están instaladas 24 instituciones vinculadas a la Concienciología y sustentadas por el trabajo de los voluntarios. Fue instituido por el decreto municipal número 18.887. Cognópolis tiene una área verde con sendas ecológicas, condominios residenciales y actividades orientadas a la educación, a la cultura y a la investigación.

También conocido por barrio del Voluntariado, Cognópolis fue ideada por el odontólogo, médico, lexicógrafo y profesor, Waldo Vieira (1932–2015).

Entre las innumerables construcciones existentes en el barrio, están el Holociclo y la Holoteca. El Holociclo – holo (conjunto) y ciclo (palabra relacionada a la Enciclopedia), es el lugar de producción intelectual de la Concienciología. Considerado una incubadora de autores, tiene una de las mayores Lexicotecas (colección de Diccionarios) de Brasil, con más de 7.000 ejemplares, una Encicloteca (conjunto de Enciclopedias) y una Hemeroteca (colección de periódicos – diarios y revistas) con más de 600.000 recortes.

La Holoteca (conjunto de tecas) tiene un acervo de aproximadamente 947.000 ítems, de los cuales 107.000 son libros y obras escritas, además de objetos de los más variados lugares y culturas. La cómicteca (colección de cómics) es considerada una de las mayores de América Latina, con 35.000 revistas de historietas en 16 idiomas, publicadas en 22 países.

Los eventos científicos realizados periódicamente en la Cognópolis son para difundir los resultados de las investigaciones y promover el debate. En la Ciudad del Conocimiento se recomienda mucho escribir libros y artículos. Hoy, (Año-base 2020), cuenta con 840 voluntarios que actúan en las Instituciones del barrio Cognópolis, de los cuales 170, son autores y muchos de ellos, ya han escrito sobre temas de la Concienciología.

Para quien desee visitarla, Cognópolis está integrada al circuito turístico de *Foz do Iguaçu* y dispone del *Hotel Mabu Interludium Iguassu Convention*.

Editorial de la Concienciología

Editares – Editorial de la Concienciología, una de las 24 Instituciones situadas en la Cognópolis. Es una organización científica, educativa, apartidaría y sin fines de lucro, dedicada a la publicación de libros y revistas de la Ciencia Concienciología.

El modelo de trabajo voluntario o el voluntariado de Editares, se diferencia por el hecho de reunir un equipo de editores, consultores, revisores, traductores y gestores, no remunerados. Los autores, en la condición de voluntarios e investigadores de la Concienciología, suelen donar sus derechos de autor a la editorial. Hay un fondo editorial, mantenido por la venta de libros y donaciones espontáneas, lo que torna a Editares financieramente autosustentable.

Estimado lector o lectora lo invitamos a conocer nuestras obras. www.editares.org.br

Para más informaciones: www.campusceaec.org.

INSTITUCIONES CONCIENCIOCÉNTRICAS (ICS)

ICs. Las Instituciones Concienciocéntricas (ICs) son organizaciones cuyos objetivos, metodologías de trabajo y modelos organizacionales están fundamentados en el *Paradig ma Conciencial.* L a actividad principa l de las ICs es dar apoyo a la evolución de las conciencias a través de la *tarea del esclarecimento* pautada por las *verdades relativas de punta,* encontradas en las investigaciones de campo de la Ciencia *Concienciolog*ía y sus especialidades.

Volunta riado. Todas las Instituciones Concienciocéntricas son asociaciones independientes, de carácter privado, sin f ines de lucro y mantenidas predominantemente por el trabajo voluntario de profesores, investigadores, administradores y profesionales de diversas áreas.

CCCI. El conjunto de las Instituciones Concienciocéntricas y de los voluntarios de la Concienciología en el planeta componen la *Comunidad Concienciológica Cosmoética Internacional* (CCCI) formada actualmente por 24 ICs, incluyendo la *Asociación Internacional Editares.*

AIEC – Asociación Internacional para Expansión de la Concienciología

Fundación: 22/04/2005

Sede: Av. Felipe Wandscheer, 6.200, sala 111, Cognópolis - Foz do Iguaçu, Paraná, Brasil, CEP: 85856-530

Tel.: +55 (45) 2102-1411 | *Site:* www.worldaiec.org

Contacto: aiec.comunicacao@gmail.com

Campus Discernimentum: Av. Felipe Wandscheer, 6.200, sala 201 - Cognópolis, Foz do Iguaçu, Paraná, Brasil, CEP: 85856-530

Tel.: +55 (45) 2102-1400 | **Contacto:** contato@discernimentum.org

APEX – Asociación Internacional de la Programación Existencial

Fundación: 20/02/2007

Sede: Rua da Cosmoética, 1.635, Cognópolis, Caixa Postal 921, Centro - Foz do Iguaçu, Paraná, Brasil, CEP: 85853-755

Tel.: +55 (45) 3525-2652 | *Site:* www.apexinternacional.org

Contacto: contato@apexinternacional.org

ARACÊ – Asociación Internacional para Evolución de la Conciencia

Fundación: 14/04/2001

Campus **ARACÊ:** Rota do Conhecimento, Km 7, acceso por la BR-262 - Km 87, Distrito de Aracê, Domingos Martins, Espírito Santo, Brasil

Dirección para correspondencia: Caixa Postal 110, Pedra Azul - Domingos Martins, Espírito Santo, Brasil, CEP: 29278-000

Tel.: +55 (27) 9739-2400 | *Site:* www.arace.org

Contacto: associacao@arace.org

ASSINVÉXIS – Asociación Internacional de Inversión Existencial

Fundación: 22/07/2004

Campus **de Invexología:** Av. Maria Bubiak, 1.100, Cognópolis - Foz do Iguaçu, Paraná, Brasil, CEP: 85853-728

Tel.: +55 (45) 3525-0913 | *Site:* www.assinvexis.org

Contacto: contato@assinvexis.org

ASSIPI – Asociación Internacional de Parapsiquismo Interasistencial

Fundación: 29/12/2011

Sede: Av. Felipe Wandscheer, 6.200, sala 212, Cognópolis - Foz do Iguaçu, Paraná, Brasil, CEP: 85856-530

Tel.: +55 (11) 2102-1421 | *Site:* www.assipi.org

Contacto: assipi@assipi.com

CEAEC – Asociación Internacional del Centro de Altos Estudios de la Concienciología

Fundación: 15/07/1995

Sede: Rua da Cosmoética, 1.635, Cognópolis, Caixa Postal 921, Centro - Foz do Iguaçu, Paraná, Brasil, CEP: 85853-755

Tel.: +55 (45) 3525-2652 | *Site:* www.ceaec.org
Contacto: ceaec@ceaec.org

COMUNICONS – Asociación Internacional de Comunicación Concienciológica

Fundación: 24/07/2005

Sede: Av. Felipe Wandscheer, 6.200, sala 206, Cognópolis - Foz do Iguaçu,

Paraná, Brasil, CEP: 85856-530

Tel.: +55 (45) 2102-1409

Site: www.comunicons.org.br

Contacto: comunicons@comunicons.org

CONSCIUS – Asociación Internacional de Concienciometría
Inter asistencial

Fundación: 24/02/2006

Sede: Av. Felipe Wandscheer, 6.200, casa 352, Cognópolis - Foz do Iguaçu,
Paraná, Brasil, CEP: 85856-530

Tel.: +55 (45) 2102-1460 | *Site:* www.conscius.org.br

Contacto: conscius@conscius.org.br

CONSECUTIVUS – Asociación Internacional de Investigaciones
Seriexológicas y Holobiográficas

Fundación: 14/12/2014

Sede: Av. Felipe Wandscheer, 6.200, Casa 351, Cognópolis - Foz do Iguaçu,
Paraná, Brasil, CEP: 85851-579

Tel.: +55 (45) 9807-1320 | **Site:** www.consecutivus.com.br

Contacto: consecutivus@consecutivus.com.br

COSMOETHOS – Asociación Internacional de Cosmoeticología

Fundación: 03/10/2015

Sede: Av. Felipe Wandscheer, 6.200, Sala 104, *Cosmoethicarium* -
Cognópolis - Foz do Iguaçu, Paraná,
Brasil, CEP: 85851-579

Tel.: +55 (45) 99129-4122 | **Site:** www.cosmoethos.org.br

Contacto: contato@cosmoethos.com.br

ECTOLAB – Asociación Internacional de Investigación
Laboratorial en Ectoplasmía y Paracirugía

Fundación: 14/07/2013

Sede: Avenida Felipe Wandscheer, 6.200, sala 105, Cognópolis - Foz do
Iguaçu, PR, Brasil, CEP: 85856-630

Tel.: +55 (45) 2102-1427 | *Site:* www.ectolab.org

Contacto: ectolab@ectolab.org

EDITARES – Asociación Internacional Editares

Fundación: 23/10/2004

Sede: Av. Felipe Wandscheer, 6.200, sala 100D, Cognópolis - Foz do Iguaçu, Paraná, Brasil, CEP: 85856-530

Tel.: +55 (45) 2102-1407 | *Site:* www.editares.org.br

Shopcons: www.shopcons.com.br (portal de compra de libros)

Contacto: editares@editares.org

ENCYCLOSSAPIENS – Asociación Internacional de Enciclopediología Concienciológica

Fundación: 21/12/2013

Sede: Rua da Cosmoética, 1.635, Cognópolis - Foz do Iguaçu, Paraná, Brasil, CEP: 85853-755, Caixa Postal 921

Tel.: +55 (45) 3525-2652 | *Site:* www.encyclossapiens.org

Contacto: contato@encyclossapiens.org

EVOLUCIN – Asociación Internacional de Concienciología para la Infancia

Fundación: 09/07/2006

Sede: Av. Felipe Wandscheer, 6.200, sala 102, Cognópolis - Foz do Iguaçu, Paraná, Brasil, CEP: 85856-530

Site: www.evolucin.org

Contacto: evolucin@gmail.com

INTERPARES – Asociación Internacional de Aportes Interasistenciales

Fundación: 15/05/2016

Sede: Rua da Cosmoética, 1635, sala 11, Cognópolis - Foz do Iguaçu, Paraná, Brasil, CEP: 85853-755

Tel.: +55 (45) 99124-7689 | *Site:* www.interpares.org.br

Contacto: acolhimento@interpares.org.br

IIPC – Instituto Internacional de Proyecciología y Concienciología

Fundación: 16/01/1988

Sede: Av. Felipe Wandscheer, 6.200, sala 103, Cognópolis - Foz do Iguaçu, Paraná, Brasil, CEP: 85856-530

Tel.: +55 (45) 2102-1448 | *Site:* www.iipc.org.br

Contacto: iipc@iipc.org.br

***Campus* de Investigaciones IIPC:** Estrada do Universalismo, 1.177 - Sampaio Correa, Saquarema, Rio de Janeiro, Brasil - CEP: 28997-970

Tel.: +55 (22) 2654-1186 | **Contacto:** campussaquarema@iipc.org

INTERCAMPI – Asociación Internacional de los Campi de Investigaciones de la Concienciología

Fundación: 23/07/2005

Sede: Av. Antonio Basílio, 3006, sala 602, Lagoa Nova - Natal, Rio Grande do Norte, CEP: 59056-005

Tel.: +55 (84) 3211-3126 | *Site:* www.intercampi.org

Contacto: intercampi@intercampi.org

JURISCONS – Asociación Internacional de Paraderechología

Fundación: 25/04/2015

Sede: Av. Felipe Wandscheer, 6.200, sala 350 A, Cognópolis - Foz do Iguaçu, Paraná, Brasil, CEP: 85856-530

Site: www.juriscons.org | **Contacto:** juriscons@juriscons.org

OIC – Organización Internacional de Conciencioterapia

Fundación: 06/09/2003

***Campus* OIC:** Av. Felipe Wandscheer, 5.935, Cognópolis - Foz do Iguaçu, Paraná, Brasil, CEP: 85856-530

Tel.: +55 (45) 3025-1404 / 2102-1402 | *Site:* www.oic.org.br

Contacto: aco@oic.org.br

REAPRENDENTIA – Asociación Internacional de Parapedagogía y Reeducación Conciencial

Fundación: 21/10/2007

Sede: Av. Felipe Wandscheer, 6.560, Cognópolis - Foz do Iguaçu, Paraná, Brasil, CEP: 85856-530

Site: www.reaprendentia.org | **Contacto:** contato@reaprendentia.org.br

IC TENEPES – Asociación Internacional de Teneperología

Fundación: 11/06/2016

Sede: Felipe Wandscheer 6.200, Sala 205, Cognópolis - Foz do Iguaçu, Paraná, Brasil, CEP: 85856-530

Tel.: +55 (45) 99131-2855 | *Site:* www.ictenepes.org

UNICIN – Unión de las Instituciones Concienciocéntricas Internacionales

Fundación: 22/01/2005

Sede: Av. Felipe Wandscheer, 6.200, sala 105, Cognópolis - Foz do Iguaçu, Paraná, Brasil, CEP: 85856-530

Tel.: +55 (45) 2102-1405 | *Site:* www.unicin.org

Contacto: unicin@unicin.org

UNIESCON – Unión Internacional de Escritores de la Concienciología

Fundación: 23/11/2008

Sede: Rua da Cosmoética, 1.635, Cognópolis - Foz do Iguaçu, Paraná, Brasil, CEP: 85853-755

Tel.: +55 (45) 3525-2652 – Fax:+55 (45) 3525-5511

Site: www.uniescon.org | **Contacto:** uniescon.ccci@gmail.com

4. LISTA DE PUBLICACIONES EDITARES

Autores	Títulos (en Portugués)
Adriana Kauati	SÍNDROME DO IMPOSTOR
Adriana Lopes	SENSOS EVOLUTIVOS E CONTRASSENSOS REGRESSIVOS
Alessandra Nascimento e Felix Wong (Org.)	CONSCIENCIOLOGIA É NOTÍCIA: PROJECIOLOGIA
Alexandre Nonato	JK E OS BASTIDORES DA CONSTRUÇÃO DE BRASÍLIA
Alexandre Nonato *et al.*	ACOPLAMENTO ENERGÉTICO INVERSÃO EXISTENCIAL
Alexandre Zaslavsky (Editor da Revista)	INTERPARADIGMAS 1 – Princípio da Descrença INTERPARADIGMAS 2 – Parapercepciologia INTERPARADIGMAS 3 – Pesquisa da Autoconsciência INTERPARADIGMAS 4 – Diálogos Interparadigmáticos INTERPARADIGMAS 5 – Precursores Interparadigmáticos INTERPARADIGMAS 6 – O Paradigma Consciencial e Outros Paradigmas de Pesquisa da Consciência INTERPARADIGMAS 7 – Transição Autoparadigmática
Aline Niemeyer	MEGAPENSENES TRIVOCABULARES DA INTERASSISTENCIALIDADE
Aline Niemeyer e Lilian Zolet	TÉCNICAS BIOENERGÉTICAS PARA CRIANÇAS
Almir Justi, Amin Lascani e Dayane Rossa	COMPETÊNCIAS PARAPSÍQUICAS
Alzemiro Rufino de Matos	VIDA: OPORTUNIDADE DE APRENDER
Alzira Gezing	INTENÇÃO
Ana Luiza Rezende et al.	MANUAL DO ECP2
Ana Seno	COMUNICAÇÃO EVOLUTIVA
Ana Seno e Eliane Stédile (Orgs.)	*SERENARIUM*
Anália Rosário Lopes, Myriam Sanchez e Rita Sawaya	DICIONÁRIO DE TECAS DA HOLOTECOLOGIA
Antonio Fontenele	DECISÕES EVOLUTIVAS
Antonio Pitaguari e Marina Thomaz	REDAÇÃO E ESTILÍSTICA CONSCIENCIOLÓGICA
Arlindo Alcadipani	ITINERÁRIO EVOLUTIVO DE UM RECICLANTE
Bárbara Ceotto	DIÁRIO DE AUTOCURA
Beatriz Tenius e Tatiana Lopes	AUTOPESQUISA CONSCIENCIOLÓGICA
Caio Polizel (Org.)	DIRETRIZES DA AUTOGESTÃO EXISTENCIAL
Cesar Cordioli	CALEPINO CONSCIENCIOLÓGICO – COLETÂNEA DE APONTAMENTOS PRÓ-EVOLUTIVOS CONSCIENCIOLOGIA: BREVE INTRODUÇÃO À CIÊNCIA DA CONSCIÊNCIA

Autores	Títulos (en Portugués)
Cesar Machado	ANTIVITIMIZAÇÃO PROATIVIDADE EVOLUTIVA
Cesar Machado e Stéfani Sabetzki	HUMANIZAÇÃO PARAPSÍQUICA NA UTI
Cirleine Couto	CONTRAPONTOS DO PARAPSIQUISMO INTELIGÊNCIA EVOLUTIVA COTIDIANA
Clara Emilie Vieira	ESCOLHAS EVOLUTIVAS
Christováo Peres	VOLICIOTERAPIA
Dalva Morem	SEMPRE É TEMPO
Dayane Rossa	OPORTUNIDADE DE VIVER MEGATRAFOR: ESTUDO DO MAIOR TALENTO CONSCIENCIAL SOB A ÓTICA DA MULTIEXISTENCIALIDADE
Débora Klippel	O PEQUENO PESQUISADOR: MULTIDIMENSIONALIDADE
Denise Paro e Nara Oliveira (Editoras)	REVISTA HOLOTECOLOGIA N. 3 – COLEÇÕES AMPLIAM MUNDIVISÕES
Dulce Daou	AUTOCONSCIÊNCIA E MULTIDIMENSIONALIDADE VONTADE: CONSCIÊNCIA INTEIRA
Eduardo Martins	HIGIENE CONSCIENCIAL
Eliana Manfroi	ANTIDESPERDÍCIO CONSCIENCIAL
Eliane Wojslaw *et al.*	GLOSSÁRIO INGLÊS-PORTUGUÊS DE TERMOS ESSENCIAIS DA CONSCIENCIOLOGIA
Ermânia Ribeiro	DIÁRIO DE EXPERIÊNCIAS COGNOPOLITANAS
Ernani Brito, Rosemary Salles e Sandra Tornieri (Orgs.)	LIVRO DOS CREDORES GRUPOCÁRMICOS
Eucárdio de Rosso (Org.)	COSMOETICOLOGIA
Everaldo Bergonzini e Lilian Zolet	CONVIVIALIDADE SADIA
Fernando R. Sivelli e Marineide C. Gregório	AUTOEXPERIMENTOGRAFIA PROJECIOLÓGICA
Flavia Rogick	CONSCIÊNCIA CENTRADA NA ASSISTÊNCIA MUDAR OU MUDAR
Flávio Amado (Org.)	TEÁTICAS DA TENEPES
Flávio Buononato	ANUÁRIO DA CONSCIENCIOLOGIA 2012
Flávio Buononato	ANUÁRIO DA CONSCIENCIOLOGIA 2013
Flávio Buononato	ANUÁRIO DA CONSCIENCIOLOGIA 2014
Flávio Buononato	FATOS E PARAFATOS DA COGNÓPOLIS FOZ DO IGUAÇU
Flávio Monteiro e Pedro Marcelino	*CONS:* COMPREENDENDO NOSSA EVOLUÇÃO
Giuliana Costa	AUTOBIOGRAFIA DE UMA PERSONALIDADE CONSECUTIVA
Graça Razera	HIPERATIVIDADE EFICAZ
Guilherme Kunz	MANUAL DO MATERPENSENE
Isabel Manfroi	O EMPREENDEDORISMO REURBANIZADOR DE HÉRCULES GALLÓ E WALDO VIEIRA

Autores	Títulos (en Portugués)
Jacqueline Nahas e Pedro Fernandes (Orgs.)	*HOMO LEXICOGRAPHUS:* A SAGA INTELECTUAL DE ÉMILE LITTRÉ NA ESCRITA DO DICIONÁRIO DA LÍNGUA FRANCESA
Jayme Pereira	BÁRBARAH VAI À ESTRELA PRINCÍPIOS DO ESTADO MUNDIAL COSMOÉTICO
João Aurélio e Katia Arakaki	COGNÓPOLIS FOZ: UM LUGAR PARA SE VIVER
João Paulo Costa e Dayane Rossa	MANUAL DA CONSCIN-COBAIA
João Ricardo Schneider	HISTÓRIA DO PARAPSIQUISMO
Jovilde Montagna	VIVÊNCIAS PARAPSÍQUICAS DE UMA PEDIATRA
Julieta Mendonça	MANUAL DO TEXTO DISSERTATIVO
Julio Almeida	QUALIFICAÇÃO AUTORAL QUALIFICAÇÕES DA CONSCIÊNCIA QUALIFICAÇÃO ASSISTENCIAL
Kátia Arakaki	ANTIBAGULHISMO ENERGÉTICO VIAGENS INTERNACIONAIS OTIMIZAÇÕES PRÉ-TENEPES
Kátia Arakaki (Org.)	AUTOFIEX
Lane Galdino	MANUAL DE ASSESSORIA JURÍDICA EM INSTITUIÇÕES CONSCIENCIOCÊNTRICAS (ICs)
Laura Sánchez	LASTANOSA: MEMÓRIA E HISTÓRIA DO INTELECTUAL E HOLOTECÁRIO DO SÉCULO XVII
Lilian Zolet	PARAPSIQUISMO NA INFÂNCIA
Lilian Zolet e Flavio Buononato	MANUAL DO *ACOPLAMENTARIUM*
Lilian Zolet e Guilherme Kunz (Orgs.)	*ACOPLAMENTARIUM:* PRIMEIRA DÉCADA
Lourdes Pinheiro e Felipe Araújo	DICIONÁRIO DE VERBOS CONJUGADOS DA LÍNGUA PORTUGUESA
Luciana Lavôr (Org.)	I NOITE DE GALA MNEMÔNICA: HISTÓRIA ILUSTRADA
Luciano Vicenzi	CORAGEM PARA EVOLUIR
Lucy Lufti	VOLTEI PARA CONTAR
Luiz Bonassi	PARADOXOS
Mabel Teles	PROFILAXIA DAS MANIPULAÇÕES CONSCIENCIAIS *ZÉFIRO*: A PARAIDENTIDADE INTERMISSIVA DE WALDO VIEIRA
Málu Balona	AUTOCURA ATRAVÉS DA RECONCILIAÇÃO SÍNDROME DO ESTRANGEIRO
Marcelo da Luz	ONDE A RELIGIÃO TERMINA?
Maria Helena Lagrota	MINHAS QUATRO ESTAÇÕES
Maria Thereza Lacerda	A PEDRA DO CAMINHO
Marilza de Andrade	PROJEÇÕES ASSISTENCIAIS
Marina Thomaz e Antonio Pitaguari (Orgs.)	TENEPES: ASSISTÊNCIA INTERDIMENSIONAL LÚCIDA

Autores	Títulos (en Portugués)
Marlene Koller	DA CONSCIÊNCIA REBELDE À HOLOCONVIVIALIDADE PACÍFICA
Marta Ramiro	MANUAL DA TÉCNICA DA RECÉXIS
Maximiliano Haymann	PRESCRIÇÕES PARA O AUTODESASSÉDIO SÍNDROME DO OSTRACISMO
Miriam Kunz	ANTROPOZOOCONVIVIOLOGIA
Moacir Gonçalves e Rosemary Salles	DINÂMICAS PARAPSÍQUICAS
Neida Cardozo	SÍNDROME DA DISPERSÃO CONSCIENCIAL
Osmar Ramos Filho	CRISTO ESPERA POR TI (Edição comentada)
Oswaldo Vernet	DESCRENCIOGRAMA: FUNDAMENTAÇÃO E TEÁTICA
Paulo Mello	EVOLUTIVIDADE PLANEJADA
Pedro Fernandes	SERIEXOLOGIA: EVOLUÇÃO MULTIEXISTENCIAL LÚCIDA
Phelipe Mansur	EMPREENDEDORISMO EVOLUTIVO
Reinalda Fritzen	CAMINHOS DA AUTOSSUPERAÇÃO
Ricardo Rezende	VOLUNTARIADO CONSCIENCIOLÓGICO INTERASSISTENCIAL LUCIDEZ CONSCIENCIAL
Roberto Leimig	VIDAS DE NATURALISTA
Rodrigo Medeiros	CLARIVIDÊNCIA
Rosa Nader	AUTODESREPRESSÃO: REFLEXÕES CONSCIENCIOLÓGICAS
Rosa Nader (Org.)	MANUAL DE VERBETOGRAFIA
Roseli Oliveira	DICIONÁRIO DE EUFEMISMOS DA LÍNGUA PORTUGUESA
Rosemary Salles	CONSCIÊNCIA EM REVOLUÇÃO
Sandra Tornieri	MAPEAMENTO DA SINALÉTICA ENERGÉTICA PARAPSÍQUICA
Selma Prata	O CÉREBRO ENVELHECE E O PARACÉREBRO ENRIQUECE
Silda Dries	TEORIA E PRÁTICA DA EXPERIÊNCIA FORA DO CORPO
Sissi Prado Lopes (Org.)	CONSCIENTIOTHERAPIA
Tathiana Mota	CURSO INTERMISSIVO
Tatiana Lopes	DESENVOLVIMENTO DA PROJETABILIDADE LÚCIDA
Tony Musskopf	AUTENTICIDADE CONSCIENCIAL
Vera Hoffmann	SEM MEDO DA MORTE
Vera Tanuri	PERDÃO: OPÇÃO COSMOÉTICA DE SEGUIR EM FRENTE
Victor Strate Bolfe	ESTADO VIBRACIONAL: VIVÊNCIA E AUTOQUALIFICAÇÃO
Wagner Alegretti	RETROCOGNIÇÕES: PESQUISA DA MEMÓRIA DE VIVÊNCIAS PASSADAS
Wagner Strachicini	CONSCIÊNCIA ANTIDOGMÁTICA
Waldo Vieira	100 TESTES DA CONSCIENCIOMETRIA 200 TEÁTICAS DA CONSCIENCIOLOGIA 500 VERBETÓGRAFOS DA *ENCICLOPÉDIA DA CONSCIENCIOLOGIA* 700 EXPERIMENTOS DA CONSCIENCIOLOGIA A NATUREZA ENSINA CONSCIENCIOGRAMA

Autores	Títulos (en Portugués)
Waldo Vieira	DICIONÁRIO DE ARGUMENTOS DA CONSCIENCIOLOGIA DICIONÁRIO DE NEOLOGISMOS DA CONSCIENCIOLOGIA *HOMO SAPIENS PACIFICUS* *HOMO SAPIENS REURBANISATUS* LÉXICO DE ORTOPENSATAS MANUAL DA DUPLA EVOLUTIVA MANUAL DA PROÉXIS MANUAL DA TENEPES MANUAL DE REDAÇÃO DA CONSCIENCIOLOGIA MANUAL DOS MEGAPENSENES TRIVOCABULARES MÁXIMAS DA CONSCIENCIOLOGIA MINIDEFINIÇÕES DA CONSCIENCIOLOGIA NOSSA EVOLUÇÃO O QUE É A CONSCIENCIOLOGIA PROJECIOLOGIA: PANORAMA DAS EXPERIÊNCIAS DA CONSCIÊNCIA FORA DO CORPO HUMANO PROJEÇÕES DA CONSCIÊNCIA TEMAS DA CONSCIENCIOLOGIA
Waldo Vieira *et. al.*	*ENCICLOPÉDIA DA CONSCIENCIOLOGIA*

Autores	Títulos (en Inglés)
Alessandra Nascimento e Felix Wong (Orgs.)	*CONSCIENTIOLOGY IS NEWS: PROJECTIOLOGY*
Cesar Machado	*ANTIVICTIMIZATION*
Débora Klippel	*THE LITTLE RESEARCHER*
Eduardo Martins	*CONSCIENTIAL HYGIENE*
Eliana Manfroi	*CONSCIENTIAL ANTIWASTAGE*
Eliane Wojslaw *et. al.*	*THE ENGLISH-PORTUGUESE GLOSSARY OF ESSENTIAL CONSCIENTIOLOGY TERMS*
Flávio Monteiro e Pedro Marcelino	*CONS: UNDERSTANDING OUR EVOLUTION*
Lilian Zolet	*PARAPSYCHISM IN CHILDHOOD: QUESTIONS AND ANSWERS*
Mabel Teles	*ZEPHYRUS: THE INTERMISSIVE PARAIDENTITY OF WALDO VIEIRA*
Marcelo da Luz	*WHERE DOES RELIGION END ?*
Tathiana Mota	*INTERMISSIVE COURSE*
Waldo Vieira	*700 CONSCIENTIOLOGY EXPERIMENTS* *CONSCIENTIOGRAM* *OUR EVOLUTION* *PENTA MANUAL* *PROEXIS MANUAL* *PROJECTIOLOGY: A PANORAMA OF EXPERIENCES OF THE CONSCIOUSNESS OUTSIDE THE HUMAN BODY* *PROJECTIONS OF THE CONSCIOUSNESS*

Autores	Títulos (en Español)
Alessandra Nascimento e Felix Wong (Orgs.)	*CONCIENCIOLOGÍA ES NOTICIA: PROYECCIOLOGÍA*
Glória Thiago	*VIVIENDO EN MÚLTIPLES DIMENSIONES*
Málu Balona	*SÍNDROME DEL EXTRANJERO*
Maximiliano Haymann	*SÍNDROME DEL OSTRACISMO*
Miguel Cirera	*EVOLUCIÓN DE LA INTELIGENCIA PARAPSÍQUICA*
Rosemary Salles	*CONCIENCIA EN REVOLUCIÓN*
Waldo Vieira	*CONCIENCIOGRAMA* *NUESTRA EVOLUCIÓN* *MANUAL DE LA TENEPER* *MANUAL DE LA PROEXIS* *PROYECCIONES DE LA CONCIENCIA*

Autores	Títulos (en Alemán)
Jayme Pereira	*BARBARAH FLIEGT ZUM STERN*

AUTOR

Waldo Vieira nació el 12 de abril de 1932 en Monte Carmelo, Minas Gerais, Brasil. Desomó el 2 de julio de 2015 en Foz do Iguaçu, Paraná, Brasil, donde estaba radicado desde el año 2000.

Se graduó en Medicina y Odontología, propuso las Ciencias Proyecciología y Concienciología, sistematizadas en los tratados Proyecciología: Panorama de las Experiencias de la Conciencia Fuera del Cuerpo Humano (1986) y 700 Experimentos de la Concienciología (1994).

Creó el barrio Cognópolis (Ciudad del Conocimiento) en Foz do Iguaçu, desde donde impartía diariamente las Tertulias Concienciológicas (Curso de Largo Curso), desde el año 2002 al 2014, y las Minitertulias Concienciológicas, desde el año 2013 al 2015, en el Tertuliarium del Centro de Altos Estudios de la Concienciología (CEAEC).

Ideó y dio estructura a la Holoteca del CEAEC, donando la propia biblioteca relacionada al tema conciencia y a la experiencia fuera del cuerpo, y el Holociclo, ambiente especializado en Lexicografía, donde coordinaba equipos de investigadores en el desarrollo de la Enciclopedia de la Concienciología, de la cual fue el creador, organizador y autor de 2019 *verbetes*.

Fue citado por la publicación inglesa *Who's Who in the 21st Century*, editada por la *IBC – International Biographical Center*. Es autor de 25 libros sobre la temática de la Concienciología, incluyendo Tratados y Léxicos.

ESPECIALIDAD DEL LIBRO

1. ÁREA DE INVESTIGACIÓN:

ESTE LIBRO INVESTIGA TEMAS DE LA **CONCIENCIOLOGÍA.**

2. PRINCIPIO DE LA DESCREENCIA:

NO CREA EN NADA, NI SIQUIERA EN LAS INFORMACIONES EXPUESTAS EN ESTE LIBRO, LO INTELIGENTE ES HACER INVESTIGACIONES PERSONALES SOBRE LOS TEMAS.

Made in the USA
Monee, IL
08 July 2026